쾌도난마
한국경제

장하준은 서울대 경제학과를 나와 영국 케임브리지 대학에서 경제학 석사 및 박사 학위를 취득하였다. 1990년 이래 케임브리지 대학에서 경제학 교수로 재직하고 있으며, 2003년 신고전파 경제학의 대안을 제시한 경제학자에게 주는 뮈르달 상을, 2005년 경제학의 지평을 넓힌 경제학자에게 주는 레온티예프 상을 최연소로 수상함으로써 세계적인 경제학자로서 명성을 얻었다. 주요 저서로는 『사다리 걷어차기』(Kicking away the Ladder, 2002, Anthem Press)를 비롯하여 『The Political Economy of Industrial Policy』(1994, Macmillan Press) 『Globalization, Economic Development and the Role of the State』(2003, Zed Press) 『개혁의 덫』(2004) 등이 있다.

정승일은 서울대 물리학과를 다녔으며 1980년대에 민주화 운동에 투신했다. 1991년 독일로 유학을 떠나 베를린 훔볼트 대학 사회과학부에서 석사 학위를, 그리고 베를린 자유대학에서 정치경제학으로 박사 학위를 취득했다. 베를린사회과학연구소와 한국자동차산업연구소, 금융경제연구소에 근무했으며 시민 단체인 대안연대회의에서 활동했다. 현재 국민대 경제학부 겸임교수이다. 저서로는 『Crisis and Restructuring in East Asia』(2004, Palgrave/Macmillan)가 있다.

이종태는 연세대 영문학과를 졸업한 뒤 같은 학교 대학원에서 경제학 석사 학위를 취득했다. 1995년 대구 『매일신문』에 입사, 경제부와 사회부를 거쳤으며 2001년엔 '한국전 직후 민간인 학살' 관련 기사로 한국기자상을 수상했다. 2000년 3월 진보적 시사 종합지인 월간 『말』로 직장을 옮겨 2002년 1월부터 2005년 4월까지 편집장을 지냈다.

2005년 7월 18일 초판 1쇄 펴냄
2014년 6월 27일 초판 26쇄 펴냄

지은이 장하준·정승일
엮은이 이종태

펴낸곳 부키(주)
펴낸이 박윤우
등록일 2012년 9월 27일 등록번호 제312-2012-000045호
주소 120-836 서울 서대문구 신촌로3길 15 산성빌딩 6층
전화 02) 325-0846
팩스 02) 3141-4066
홈페이지 www.bookie.co.kr
이메일 webmaster@bookie.co.kr
제작지원 (주)체인지컬러 hicorea@gmail.com
제작진행 올인피앤비 bobys1@nate.com
ISBN 978-89-85989-83-1 03320

잘못된 책은 바꿔 드립니다.
책값은 뒤표지에 있습니다.

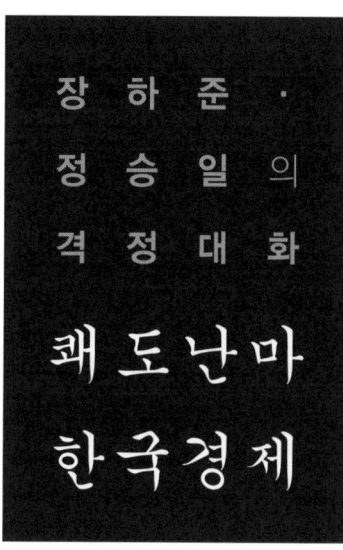

장하준·정승일의 격정대화
쾌도난마
한국경제

장하준 • 정승일의 대화를 이종태가 엮음

부·키

서문을 대신해서

이 책에서 본인과 정승일 박사가 펼치는 견해는, 기존의 한국 경제 정책에 대한 논쟁 구도에는 잘 들어맞지 않는다. 우리가 그 나쁜 재벌 체제에 매우 긍정적인 측면이 있다고 하는 것을 보면 분명히 '보수'적인 사람들인데, 또 난데없이 노조 편을 드는 이야기도 하는 것을 보면 조금은 '진보'적인 성향이 있는 것 같기도 하고, 그렇지만 정부 개입을 적극 옹호하는 것을 보면 박정희를 찬양하는 '수구'임에 틀림없는데, 또 자본 시장 자유화에 비판적인 견해를 가진 것을 보면 '극좌 민족주의자'가 아닌가 싶기도 한, 뭐라 딱히 규정하기 힘든 입장을 펼치기 때문이다.

그러다 보니 우리는 지난 몇 년 간 본의 아니게도 여러 사람을 혼란스럽게 만들어 왔다. "도대체 정체가 뭐냐?"는 소리도 많이 들었고, 우리 논의 중 자기 마음에 안 드는 부분만 골라 '보수'다 '극좌'다 하는 딱지를 붙여 비판하는 분들도 적지 않게 겪었다. 심지어는 많은 부분에서 생각을 공유하는 분들이 한두 가지 중요한 문제에서 견해가 다르다는 이유로 우리를 적대시하는 경우도 많았는가 하면, 사실은 견해가 전혀 다른 분들임에도 우리 주장 중 자신들의 생각과 겹치는 일부만을 들면서 '우리 편'이라고 반가워하는 경우마저도 있었다.

이런 그간의 정황을 우리 자신들이 충분히 숙지하고 있음에도 불구하고 우리가 가지고 있는 '복잡한' 처지를 설명하기란 쉽지 않았다. 우리의 입장이 자세히 설명되어 있는 학술 서적과 논문은 각기 여러 편에 걸쳐 썼지만, 그 글들의 성격상 당연히 일반 독자들이 접할 기회도 별로 없었고, 설사 읽게 된다 하여도 그 논의 구조나 서술 방식이 일반 독자들이 다가가기에는 쉽지 않았던 탓이다.

물론 일반 독자를 겨냥하고 신문이나 잡지를 통해 글을 발표한 적도 많았다. 하지만 그 경우에는 지면상의 제약으로 말미암아 큰 그림의 제시가 어려웠다. 아니, 큰 그림의 제시는커녕 한두 가지 문제에 집착하게 된다거나, 내용을 단순화해야 하는 경우마저 비일비재하였다. 그런 상황에서 우리 주장의 '복잡성'이 충분히 전달될 리가 없었고, 심한 경우에는 도리어 그 글을 쓰기 전보다 더 오해를 사는 경우마저도 없지 않았다.

물론 이런 상황에서 당연한 해결책은 일반 독자들이 이해하고 즐길 만한 방식으로 우리의 입장을 자세히 설명하는 책을 쓰는 것이겠다. 하지만 '본업'인 연구에 쫓기다 보니 그것도 쉽지 않았다. 게다가 연구자의 입장에서는 사실 일반 독자를 위한 책을 쓰는 것이 학술 서적을 쓰는 것보다 훨씬 더 힘든 일이기에 선뜻 그런 책을 쓰겠다고 마음을 먹지 못하기도 하였다.

그러던 차에 2004년 초여름, 당시 『말』지 편집장이던 이종태 기자가 획기적인 제안을 하였다. 자신이 사회를 맡아 이야기를 끌어 나가는 좌담 형식으로 해서 우리 사회와 경제의 현안에 대해 각자의 견해를 자세히 설명하면 어떻겠느냐는 것이었다. 그렇게 하면 이야기가 너무 학술적으로 흐를 경우 사회자가 방향을 바꿀 수 있고, 일반 독자가 이해하기 힘든 용어나 개념이 나오면 설명을 요구할 수도 있지 않겠느냐 하는 취지에서였다.

우리의 '복잡한' 상황을 설명하는 데 항상 어려움을 느끼던 본인과 정승일 박사의 처지에서는 가뭄에 단비 같은 제안이었다. 그리고 그에 더하여 둘이 혹은 셋이 (본인은 부인하지만 이종태 기자의 경제학 실력도 보통이 아니다.) 의견을 교환하다 보면 서로 부족한 점도 보충할 수 있고 자극도 되어 새로운 이야기가 나올 수도 있으니 그야말로 불감청(不敢請)이언정 고소원(固所願)인 바였다. 그런 과정을 거쳐 2004년 뜨거운 여름 몇 달 동안 셋이 만나, 때로는 매우 체계적으로 때로는 두서없이 나눈 이야기들을 모은 것이 바로 이 책이다.

우리들의 좌담은 당초 기대했던 것보다도 더 풍부하게, 그리고 더 재미있게 진행되었고, 이 좌담을 시작하기 전에는 미처 생각하지도 못하였던 이야기들도 종종 나왔으며, 전에는 잘 정리가 안 되어 있던 생각들이 좌담 과정을 통해 정제가 된 경우도 많았다. 그러나 '구슬이 서 말이라도 꿰어야 보배'라는 속담이 있듯, 이종태 씨의 놀라운 편집 솜씨와 각주들을 통해 보여 준 경제학에 대한 해박한 지식이 없었더라면 이 책에 실린 이야기들 중 많은 부분이 '귀신 씻나락 까먹는 소리'로 전락했을 것이다.

이 책이 왜 본인이나 정승일 박사 같은 사람들이 여러 가지 오해를 사고 욕을 먹어가면서까지 한국 경제, 거기서 한 걸음 더 나아가 세계 경제에 대해 '복잡한' 이야기를 하는지에 대한 독자들의 의문을 해소하는 데, 그리고 원컨대 우리 사회를 더 좋은 사회로 만드는 데 조금이라도 도움이 되었으면 할 뿐이다.

2005년 6월 영국 케임브리지에서
장하준

차례

서문을 대신해서 … 장하준 4

1부 우리의 과거를 어떻게 평가할 것인가? 11

1장 개혁 강화는 종속 심화라는 아이러니 13
저성장·저투자·고용 불안은 필연적 16 | '재벌의 항상적 과잉 투자'는 허구적 개념 19 | 외환 위기의 원인은 금융 개방에 있다! 24 | '주주 자본주의 = 경제 민주화'의 이면 28 | 개혁 강화가 종속 심화라는 아이러니 32 | '개혁론'에는 현실이 반영되지 않았다! 38

2장 박정희의 개발 독재를 어떻게 볼 것인가? 45
박정희 개발 독재를 어떻게 볼 것인가? 47 | 우리의 경제 발전은 당연한 결과였다? 52 | 사유재산제마저 무시한 박정희 개발 독재 56 | 산업 정책·개발 계획의 본질은 자본 통제! 61 | 개방·자유화가 곧 경제 발전인가? 64 | 노동자·농민 수탈을 피할 방법은 없었나? 68

3장 재벌 문제, 과연 해답은 없는가? 73
재벌 체제는 불가피한 선택이었나? 75 | 재벌 평가, 케이스가 아닌 평균 타율로! 78 | '재벌 개혁'이 '경제 민주화'인가? 82 | 경제 민주화는 만병통치약이 아니다! 85

4장 도대체 무엇을 위한 시장 개혁인가? 91
'내실 있는 성장'이라는 개혁론의 허구 96 | '혁신 주도형' 경제는 존재하지 않는다! 100 | 자주적·자립적 경제 발전이 가능한가? 105 | 신고전학파와 종속 이론의 희한한 동거 108 | '분배를 통한 성장'만이 정의로운가? 112 | 시장주의를 용인하는 좌파는 없다! 116

2부 우리는 후대를 위해 무엇을 할 것인가? 121

1장 주주 자본주의와 신자유주의의 본질 123
부채비율 하락이 우리에게 남긴 것은? 126 | 기업 자금 수탈 창구가 된 주식 시장 129 | 기업 대출 외면은 정부가 유도했다! 134 | 주택 담보 대출에 열중하는 해외 금융 자본 137

2장 서로 자기 발등을 찍고 있는 자본과 노동 143
중국이 한국의 미래가 될 수 있는가? 145 | 영국의 망국병은 노조가 아니었다! 149 | 의대 집중 현상을 누가 탓할 수 있는가? 152 | 여전히 맹위를 떨치는 일본식 종신 고용제 155 | 외국 자본이 스웨덴에 몰려드는 이유는? 157 | 보수 언론이 지어낸 대처리즘이라는 허구 163 | 황폐화된 영국 제조업의 상징, 맨체스터 168 | 노동 운동의 주적은 세계화된 금융 자본 172 | 자기 발등을 찍고 있는 우리나라 노동 운동 176 | 재벌도 노동도 국민 경제를 보지 않는다! 180

3장 국가와 국가주의, 관치에 대한 오해와 편견 185
관치 금융과 '국가의 역할' 사이의 혼동 186 | 피해자만 양산해 낸 미국 '자유 은행 학파' 191 | 한국에는 아직 국가가 해야 할 일이 많다! 194 | 시장은 결코 신성불가침한 것이 아니다! 197 | 자유주의와의 투쟁 속에 성장한 민주주의 200 | 자유 민주주의라는 개념은 성립 불가능하다! 203

4장 우리 모두를 위한 사회적 대타협을 그리며… 209
미국은 결코 우리의 모범이 될 수 없다! 212 | 사회적 책임은 국가, 자본, 노동 모두에게 216 | 정부와 시민 단체의 모순적인 이중 잣대 220 | 모두를 행복하게 만든 스웨덴의 대타협 222 | 우리 모두를 위한 사회적 대타협을 그리며… 226

이 책을 마치며… 정승일 230

장하준·
정승일의
격정대화
쾌도난마
한국경제

1부

우리의 과거를 어떻게 평가할 것인가?

개혁 강화는 종속 심화라는 아이러니

1부 1장

이종태 겉으로 보기에 한국 사회는 꽤나 번영을 누리고 있는 듯합니다. 그러나 실상은 일자리를 얻지 못한 청년들이 거리를 헤매고, 30~40대 직장인들조차 실업의 공포에 떨고 있는 것이 현실입니다. 이처럼 월급쟁이로 먹고살기가 힘들어지면서 자영업을 시작하는 분들이 상당히 늘었습니다만, 이 또한 예전 같지 않아 오히려 빈곤의 나락으로 떨어지는 경우가 많다고 합니다.

사회적인 분열도 격화되고 있습니다. 대기업은 승승장구하는데 중소기업은 몰락하고 있으며, 같은 회사원들 중에도 수억 원의 연봉을 받는 사람이 있는가 하면 최저생계비도 제대로 못 받는 집단이 형성되고 있고, 노동자 계급도 정규직과 비정규직으로 양분되는가 하면, 심지어 수출과 내수 사이에도 양극화가 진행되고 있는 실정입니다.

저는 이 같은 일들이 근대화 이후 우리 경제의 역사에서 나타난 새로운 현상이라는 데 주목해야 한다고 생각합니다. 그러니까 1997년 말의 외환 위기와 김대중 대통령의 개혁 이후 발생하고 있는 일이라는 것이지요. 두 분께서는 그에 대해 일찍부터 분석해 오셨고, 또 경고도 많이 하셨습니다. 그리고 그 경고들은 현재 실제로 들어맞고 있고요.

이런 대화 자리를 마련한 것도 바로 그 때문입니다. 오늘의 한국 경제가 왜 이렇게 되었는지, 헤어날 방법은 없는 것인지 등을 종합적이고도 심층적으로 알아보자는 것이지요. 그와 관련 앞으로 몇 차례에 걸쳐 대담을 진행할 것인데, 오늘은 먼저 총론 격으로 우리 경제의 최근 모습에 대해 전반적으로 이야기를 나누었으면 합니다.

우선 이런 현상은 일시적인 것일까요? 정부는 곧 좋아진다고 말하고 있는데, 그에 대한 의견은 어떠신지요?

장하준   지금의 우리 경제는 무척 역설적인 현상을 보이고 있습니다. 외환 위기 이후 한국의 경제 정책을 이끌어 온 김대중·노무현 정부는 박정희 모델을 '수출 의존형' 또는 '대외 의존형' 등으로 비판하며 경제 개혁을 부르짖던 분들로 구성되어 있는데, 이분들이 개혁을 한다고 했음에도 불구하고 대외 의존은 더욱 심화되고 말았거든요.

지금 해외와 연결되어 있는 수출 부문만 잘 돌아가고, 내수는 바닥을 기고 있지 않습니까. 수출과 내수의 고리가 끊어졌다고 표현할 수 있겠지요. 반면 예전에는 수출이 잘 되면 이게 투자를 유발하고, 투자는 고용 및 임금 상승으로 이어지면서 수요가 활성화될 수 있었습니다. 그런데 이제 수출과 내수가 양극화되어 버렸어요. 수출 쪽에 있는 사람들만 잘나가고, 그 움직임이 내수로 연결되지 않는 거죠.

<u>정승일</u>　통계를 보니까 1997년 이전까지 우리나라 GDP(국내총생산) 성장에서 수출이 차지하는 기여율이 40% 정도 되었습니다. 그런데 이것이 (김대중 정부의 경제 개혁이 시작된) 1998년 이후엔 60% 정도로 올라갔습니다. 우리 경제가 수출에 의존하는 비중이 그만큼 커졌다는 의미죠.

하지만 더 중요한 사실은 1980년대 이후 GDP 성장에서 수출이 차지하는 비율이 내려가는 추세에 있다가 외환 위기와 경제 개혁을 거치면서 오히려 상승하고 있다는 겁니다. 그만큼 수출 의존도가 높아졌고 외부 충격에 취약해진 거죠. 어떻게 보면 더 종속된 것이라고 할 수 있습니다. 거꾸로 된 거죠. 이게 이른바 경제 개혁의 결과입니다.

<u>장하준</u>　옛날 모델이 종속적이라고 비판해 온 분들이 우리 경제를 더 종속적인 방향으로 몰아가고 있는 겁니다.

저성장·저투자·고용 불안은 필연적

이종태 '종속'이라는 용어를 사용하셨습니다. 혹시 현재의 내수 침체가 '종속'이라는 '구조' 때문이라고 말씀하시는 것입니까. 두 분의 입장과 반대로 정부 측에서는 '일시적 현상을 위기로 호도하지 말라.'며 '곧 좋아진다.'고 주장합니다.

장하준 일시적인 것이 아닙니다. 최근의 현상은 한국 경제가 신자유주의적 구조로 바뀐 결과입니다. 신자유주의의 기본 특징이 바로 저투자, 저성장, 고용 불안이에요. 예컨대 고용이 불안하니까 노동자(소비자)들은 돈이 생겨도 쓸 수가 없습니다. 모아둬야 하니까요. 또 기업들의 투자가 줄어든 주요한 이유 중 하나가 신자유주의의 특징인 적대적 M&A(인수합병) 때문입니다. 기업들은 적대적 M&A로 경영권이 불안해지니까 수익금으로 투자를 하는 것이 아니라 자사주나 사들이는 거죠.* 때문에 어느 나라 신자유주의 체제로 들어가면 성장률이 떨어지게 마련인데, 우리도 이제 그런 체제로 들어가고 있는 겁니다.

이종태 무서운 말씀을 하셨습니다. 빈곤화, 양극화, 실업 등의 현상이 일시적인 것이 아니라 오히려 이제 시작되고 있다는 것 아닙니까.
그와 관련해서 조금 전에 신자유주의의 기본 특징이 저투자·저성장·고용 불안이라고 하셨는데, 그 근거에 대해 좀 더 자세히 설명해 주시겠습니까?

장하순   우리나라 보수 언론들은 경제 성장을 위해 신자유주의적 정책, 즉 탈규제와 노동 시장 유연화(고용 불안)를 시행해야 한다고 강조합니다. 그런데 실제로 신자유주의는 저성장주의이며 저성장을 위한 체제라고 해도 과언이 아닙니다.

그 이유를 간단히 설명드린다면, 신자유주의는 금융 자본을 위한 자본주의이기 때문입니다. 금융 자본이 기업 경영의 주도권을 장악한 시스템인 것입니다. 그리고 금융 자본의 입장에서는 경제 성장이 그리 달가운 현상이 아닙니다. 경기를 안정시켜 물가상승률을 낮춰야 (투자한 돈에 대한) 자본 이득을 보장 받을 수 있기 때문이

- 자사주 매입이란 기업이 회사 이익의 일부로 자기 회사 주식을 매수하는 행위를 말한다. 자사주 매입은 주가 부양을 통한 주식 투자자 이익 증진과 사주의 경영권 방어를 위해 이루어지고 있다. 가령 총 주식 수가 120주인 회사에서 대주주가 20주를 가지고 경영권을 행사한다고 할 때 그의 지분율은 16.6%이다. 이때 회사가 회사 돈을 들여 주식 시장에서 20주를 사들여 소각한다면 그의 지분율은 20%로 상승하게 되고, 그만큼 경영권 방어에 도움이 된다.
그리고 주가 역시 20/120=16.6%만큼 상승할 여력을 갖게 되는 만큼 주식 투자자들이 환호한다. 이렇듯 소액주주에게도 좋고 대주주에게도 좋은 자사주 매입 소각은 여유 현금(내부 유보금)이 많은 회사들에게는 매력적인 선택이다. 가령 삼성전자는 올해 2조 원을 동원하여 자사주를 매입 소각하기로 결정하였다. 하지만 이러한 행위는 회사의 장기투자 자금을 고갈시킬 수 있어 지속 기업(on-going concern) 원칙을 침해할뿐더러, 종업원 등 비주주의 이익을 침해할 수 있다.

죠.* 금융 자본은 또 장기적 투자엔 관심이 없습니다. 이 회사에 갔다가 안 되면 다른 회사로, 이 나라 갔다가 신통치 않으면 다른 나라로 이동하면 되니까 장기 투자에 대한 안목이 없을 수밖에요.

여러 나라들이 경제 성장률을 높인다며 신자유주의 개혁을 추진하는데도 불구하고 실제로는 개혁 이후 경제 성장률이 높아진 나라가 거의 없는 것이 바로 이런 이유에서입니다. 다시 한 번 강조하지만 경제 개혁 이후 한국은 점점 더 투자를 꺼리고, 그에 비례해 성장도 느려지는 체제로 가고 있습니다.

정승일   정말 이상한 분들이 한국의 진보 성향 경제학자들입니다. 지금까지 신자유주의 개혁을 추진한 나라들에서 거의 저성장, 저투자, 빈부 격차 심화 등의 현상이 나타났다는 것은 이분들도 인정하고 있습니다.

그러면서도 한국에서는 신자유주의 개혁이 긍정적인 역할을 한다고 생각하는 것 같습니다. 이분들은 외환 위기 이전 30~40년 동안 재벌들이 과잉 투자를 했기 때문에 한국 경제에 많은 문제가 발생했다고 믿기 때문이죠.

문제는 이런 식으로 가다 보면 경제 정책의 가장 중요한 목표가 재벌의 과잉 투자를 저지하는 것이 된다는 점입니다. 그 경우 신자유주의는 오히려 투자를 저하시켜 주니까 한국 경제에 무척 긍정적인 역할을 하고 있는 셈이 되고요.

그래서 어떤 경제학자들은 실제로 우리 경제의 저투자 현상을 환영하고 반기는 것으로 보이기도 합니다. 예전의 과잉 투자가 정상화되었다는 거죠.

'재벌의 항상적 과잉 투자'는 허구적 개념

이종태   기업이 투자를 해야 고용이 발생하고, 내수가 증가하며, 궁극적으로 경제 성장이 가능하겠지요. 이런 의미에서 현재의 저투자 현상은 무척 중대한 문제인 것 같습니다. 그와 관련 두 분께서는 '저투자는 구조적 현상'이라고 주장하시는데, 그 근거를 보충해 주셨으면 합니다. 또한 과거 '재벌의 과잉 투자'를 현재의 저투자 현상이나 재벌 개혁 운동과 관련해서도 의견을 나눠 보고 싶습니다.

정승일   참여연대 경제개혁센터의 김상조 소장 같은 분들은 저투자를 일시적인 경기 순환의 문제라고 보시는 것 같습니다. 또한 경제 개혁만 잘 하면 투자가 다시 활성화될 수 있다고 보는 것 같습니다. 서울대 정운찬 총장께서도 시장 개혁을 더욱 철저히 해야 경제가 살아날 것이라고 주문하고 있습니다.

● 투자가 많이 이루어지면 노동력 수요와 원자재 수요 등이 늘어나면서 물가가 인상될 가능성이 크다. 그 경우 명목이자율이 동일하면 물가상승은 실질이자율 등 실질적 금융 투자 수익률을 하락시키기 때문에 금융 자본에게는 손해가 된다.

그런데 보십시오. 지난 1990~1997년의 평균 투자율이 37%였습니다. 반면 2000년 이후 투자율은 25~26% 수준입니다. 경제 개혁 이후 투자율이 줄곧 이 수준에서 헤매고 있습니다. 이게 무슨 경기 순환입니까?

장하준   6년씩이나 바닥에서 헤매는 경기 순환이 어디 있습니까?

정승일   이건 일시적 현상이 아니라 구조입니다. 투자 부진이 구조적 문제라는 점이 확인되어야 합니다.

장하준   그런데 정 박사님처럼 이야기를 하면 '예전의 한국 경제에서는 재벌들이 항상적으로 과잉 투자를 해 왔기 때문에 요즘 투자율이 내려간 것은 오히려 좋은 거다.' 혹은 '(현재의 저투자는 이상 현상이 아니라 오히려) 한국 경제가 정상화된 거다.'라는 반박들이 나옵니다.
그렇다면 예전, 즉 1997년 이전의 한국 경제에서 정말 '항상적으로 과잉 투자'가 이뤄졌는지에 대해서 다시 한 번 생각해 볼 필요가 있을 것 같습니다. 일부에서 주장하는 대로 재벌들이 엉터리로 투자해서 '항상적 과잉 투자'가 있었다면 당시의 우리 경제가 과연 40년 동안 고도 성장을 할 수 있었을까요?
자본주의 경제에서 과잉 투자가 이루어진다는 것은, 그 때문에 생산물 공급이 너무 많아져서 판매가 안 되고, 그래서 경제가 급속히 침체된다는 것을 의미합니다. 무슨 말인가 하면 정말 '항상적 과잉 투자'가 있었다면, 한국 경제는 지난 40년간 '항상적 공황 상태'를 겪어야 했다는 겁니다. 따라서 '항상적 과잉 투자'라는 개념은 성립될 수 없습니다. 특히 한국처럼 꾸준히 성장해 온 나라에서는 말입니다.

이종태   결국 '항상적 과잉 투자'라는 것은 경제학적으로 성립할 수 없는 개념이란 말씀이죠?

정승일   사실 선진국 입장에서 볼 때는 한국의 고성장 자체가 이른바 '과잉 투자'를 했기 때문에 가능했던 것으로 볼 수 있어요.

장하준   그럼요. 그렇지만 과거 고도 성장기의 투자가 과잉 투자였고, 재벌들이 잘못된 의사 결정 구조에 따라 수익성도 제대로 따지지 않고 투자했다고 하면 과거의 경제 성장이 논리적으로 설명될 수가 없는 겁니다.

정승일   재벌 개혁론자들의 이야기는, 우리나라가 항상적인 과잉 투자를 해 왔고 그 때문에 항상적인 부실 상태에 있었다는 것입니다. 그런데 이 부실이 안 터지고 부자연스럽게 버텨 오다가 1997년에 이르러서야 비로소 터졌다는 거죠.
그렇다면 1997년 이전엔 왜 터지지 않았을까요. 그분들은 정부가 부실을 막으려고 보조금을 엄청나게 쏟아 부었기 때문이라고 주장합니다. 그러나 이 같은 논리가 성립되려면 한국 정부는 1997년 이전에 엄청난 재정 적자를 지고 있었어야 합니다. 그런데 사실 한국만큼 외환 위기 이전에 재정적으로 안정되어 있었던 나라는 없었습니다. 외환 위기 이후 엄청난 공적 자금을 투입할 수 있었던 것도 그 덕분이고요. GDP 대비 정부 부채비율이 미국과 독일보다 낮았을 정도니까요.

그리고 과잉 투자란 것은 참 애매한 개념입니다. 투자 당시엔 그것이 무리한 과잉 투자인지, 합리적 투자인지 알 수 없는 경우가 많기 때문입니다. 가령 1970년대 초반 중공업화 정책으로 조선소를 건설하기 시작할 때 언론에서는 '엄청난 과잉 투자' '한국은 저런 거 하면 안 된다.'고 하지 않았습니까.

장하준 포항제철을 짓는다고 돈 빌리러 다닐 때는 모두 '미쳤다'고 했죠.

정승일 반도체 산업만 해도 처음엔 '너희들같이 조그만 나라가 왜 그런 무리한 (과잉) 투자를 하느냐.'는 이야기를 많이 들었습니다. 그런 면에서 투자란 원래 무모한 겁니다.

장하준 슘페터(Schumpeter)적 관점에서 보면 남들이 봐도 좋은 투자라고 생각되는 곳에 투자하는 것은 '기업가 정신'이 아닙니다.

남들이 보지 못하는 것, 남들이 위험하다는 것에 투자해서 성공하는 사람이 기업가죠.

어떻게 해도 실패할 수 없는 투자만 골라서 한다면 안전하긴 할 겁니다. 그러나 이런 경우엔 당연히 저투자로 흐를 수밖에 없고, 그에 따라 경제 성장도, 일자리 만들기도 불가능해집니다. 물론 그냥 저투자하고 2~3% 정도 성장하는 선에서 만족하겠다면, 그리고 그 결과 발생하는 실업자에 대해서는 운명으로 받아들이겠다면 그렇게 해도 됩니다. 그러나 우리나라는 더 잘할 수 있고, 또 더 잘해야 하는 것 아닙니까?

그리고 투자라는 것은 야구 선수 타율 보듯이 보아야 합니다. 이승엽이 매 타석 홈런 칩니까? 이승엽이 삼진 당한 것만 모아 TV에 보여 주면 모두 '저 XX 엄청 못 치네.' 할 것 아닙니까. 기업들도 매번 투자에 성공하지는 못합니다. 가령 삼성의 경우 자동차에 투자한 것은 굉장히 잘못된 거죠. 그러나 양복지 만들던 삼성이 노키아를 위협하는 세계 최대의 전자·정보통신 회사가 된 것은 실패한 투자보다 성공한 투자가 많았던 덕분이라고 할 수 있습니다. 다른 국내외 기업들이 2할 칠 때 삼성은 4할을 쳐 왔기 때문이라고도 할 수 있는 셈이죠.

전경련처럼 '홈런 치는 것'만 보여 주면 그건 분명히 문제입니다. 하지만 역으로 기업이 병살타 치는 장면만 부각시키며 '항상적 과잉 투자'로 몰아붙이는 것도 역시 문제이기는 마찬가지입니다.

외환 위기의 원인은 금융 개방에 있다!

이종태   외환 위기 이전엔 우리나라 기업들의 수익성이 워낙 낮았기 때문에 '망하는 것이 필연적이었다.'는 이야기도 있습니다.

장하준   수익성의 기준을 어떻게 설정하느냐에 따른 문제입니다. 이자 비용이 높았기 때문에 수익, 그러니까 보다 정확하게 이야기하면 순이익률이 낮게 나오는 건데요. 만약 수익성을 이자 비용을 포함한 영업 이익률로 본다면 우리나라 기업들의 수익성은 세계적으로 높은 수준이었습니다.

이렇게 이야기하면 그때는 높은 이자 비용을 문제 삼는데, 우리나라 기업들의 이자 비용이 높았던 이유는 기업 구조가 비효율적이었기 때문이 아니라 자금이 없는 상태에서 대규모 투자를 통해 신산업에 진출하려다 보니 빚을 많이 질 수밖에 없었기 때문이었던 겁니다.

정승일   그런 현상은 국민 경제 전체적으로 보면 좋은 일이기도 했습니다. 기업에 대출한 은행들은 이자 형태로 수익을 얻을 수 있었고, 은행에 예금한 시민들도 명목금리에 불과하지만 10% 이상에 이르는 이자 덕분에 상당한 소득을 기대할 수 있었으니까요. 한마디로 선순환 구조라고 말할 수 있겠죠.

1997년 이전까지 우리나라 국민들은 그러한 선순환 구조 속에서 은행 예금과 보험 저축을 지속적으로 늘려 왔던 거고, 그에 따라 한국은 세계 최고 수준의 저축률과 그에 기반한 높은 기업 투자율을 유지할 수 있었던 겁니다.

장하준   그런데 기업들이 주주들에게 고배당을 하기 시작하면서 그런 돈이 이제는 국내 고소득자나 외국인들한테 나가고 있어요. 그 경우 국내 고소득층들은 서민층에 비해 소득 대비 소비비율, 즉 소비 성향이 낮은 관계로 전체 소비가 줄어들 수밖에 없습니다. 그만큼 내수가 죽는다는 거죠.

이종태   그러나 1997년 말의 외환 위기는 재벌들의 과잉 투자가 결정적 역할을 했던 것 아닙니까.

정승일   그건 일부 인정을 해야 합니다. 그러나 당시의 외환 위기가 1970년대 이후 이뤄진 '항상적 과잉 투자' 때문에 발생한 것은 아니었어요. 그보다는 1993년 금융 시장 개방 이후 한동안 외국 자본이 엄청나게 쏟아져 들어오는데, 그로 말미암아 과잉 투자가 3~4년 동안 진행되다 결국 1997년에 터진 겁니다. 일례로 우리나라 기업의 부채비율이 급격하게 늘어난 기간도 1994~1996년입니다. 그전엔 오히려 부채비율이 내려가고 있었거든요. 빚을 갚아 나가고 있었던 거죠.

장하준   통계를 봐도 부채비율이 떨어지다가 1993년 금융 개방 이후 다시 올라가지요.

정승일   1980년대 중반 및 후반기의 3저 호황* 이후 우리나라 기업들이 수익을 많이 냈어요. 그러자 증권 시장이 활황을 누리게 되면서 1990년대 초에는 주가지수가 1200 가까이 올라가게 되는데, 바로 그때 기업들이 유상증자를 많이 하면서 부채비율을 현격히 떨어뜨립니다. 이런 식으로 해서 기업들이 은행에서 빌려 온 돈을 갚아 나가니까 은행들도 외국에서 가져온 차관을 상환할 수 있었고, 그 결과 대외 부채도 줄어들게 된 거죠.

1993년 집권한 김영삼 정부가 당시의 세계화 붐 속에서 '우리도 이제 개방을 할 수 있다.'는 자신감을 가지고 신자유주의적인 금융 시장 개방을 추진할 수 있었던 것도 일이 이런 식으로 잘 풀려나간 덕분이라 할 것입니다. 하지만 금융 시장 개방의 결과 은행과 기업들이 이전보다 훨씬 자유롭게 외국 자본을 빌려 올 수 있게 되면서 외채 규모가 급속히 불어나기 시작했습니다. 김영삼 씨가 대통령이 된 1993년엔 400억 달러에 불과했던 외채가 그가 퇴임한 1998년 초엔 1500억 달러에 달하게 될 정도였으니까요.

이때가 바로 기업들이 진정한 의미에서의 과잉 투자를 했던 시기입니다. 다시 한 번 강조하는데 1993~1997년 사이엔 분명히 무분별한 과잉 투자가 있었습니다. 그러나 분명히 알아둬야 할 것은 이 같은 무분별한 투자를 조장하고 도와줬던 것이 바로 무분별한 외국 금융 자본이었다는 점입니다. 결국 과잉 투자 역시 정부 주도형 경제 성장 체제의 문제가 아닌, 본질적으로 신자유주의와 세계화의 문제라고 할 수 있는 것입니다.

장하준   어떤 분들은 재벌들이 정부를 믿고 돈을 마구 가져다 쓰다가 과잉 투자가 일어났다고 주장합니다. 사실이 아니지요. 정 박사님 말씀대로 우리나라의 경우는 금융 자유화의 결과 과잉 투자가 일어났던 겁니다. 그런 식의 금융 자유화로 자본 시장을 개방한 뒤 금융 위기를 겪은 나라는 우리나라뿐만이 아닙니다. 세계적으로 투명성이 가장 높은 편에 속하는 스웨덴, 노르웨이, 핀란드 같은 나라들조차 1980년대 말 금융 시장을 개방한 이래 금융 위기를 맞아 여러 해 동안 고생을 겪었으니까요.

정승일   핀란드와 스웨덴은 1992~1993년에 금융 위기를 경험하는데, 그 패턴이 한국과 대단히 유사합니다. 두 나라 모두 금융 시장을 개방하면서 대출이 크게 늘어나는데, 핀란드의 경우에는 기업 대출

- 1980년대 들어 한국 경제는 제2차 석유 파동에 따른 원자재 가격의 앙등, 그에 따른 세계적 불황과 선진국의 보호 무역주의 대두, 그리고 국제적 고금리에 따른 원리금 상환 부담 가중으로 '외채 위기'라는 말이 나올 만큼 심각한 위기 국면을 맞고 있었다. 그런데 1986년 이후 '저금리, 저달러=엔고, 저유가'라는 이른바 3저 현상이 일어나면서 국제수지가 흑자로 반전되고 GNP(국민총생산) 성장률이 연 10% 이상을 기록하게 되는 등 전례 없는 호황을 누리게 되는데, 바로 그런 상황을 가리켜 3저 호황이라고 통칭한다.

이 급증했고, 스웨덴의 경우에는 가계 대출이 크게 불어나다가, 그것이 결국 '펑' 하고 터지면서 금융 위기가 초래된 거죠.

1997년 말 동아시아에서는 한국 등 5개국은 금융 위기를 맞았고, 중국과 대만은 무사히 지나갔습니다. 그런데 중국과 대만은 금융 시장 자유화를 하지 않은 나라들이에요. 물론 금융 위기를 겪은 5개국도 그 원인은 조금씩 다릅니다. 한국의 경우 기업 부문의 대출 때문에 금융 위기가 발생했다면, 제조업이 발달하지 않은 태국과 필리핀에서는 부동산 시장에서 부실이 발생했으니까요. 그러나 여기에는 공통점이 있습니다. 이들 나라들은 모두 금융 시장 개방 이후 외국 자본이 국내에 급격히 유입되면서 거품을 일으켰고, 그러다 그 거품이 꺼지면서 금융 위기가 발생하는 식으로 동일한 패턴을 밟았다는 겁니다.

'주주 자본주의 = 경제 민주화'의 이면

이종태 과잉 투자론에 대해 많은 비판을 하셨습니다. 그리고 그 비판은 아무래도 현재의 저투자 현상을 설명하기 위한 것이란 생각이 듭니다. 물론 아까 잠시 언급은 됐습니다만, 저투자의 원인을 구조적인 측면에서 좀 더 심층적으로 논의해 봤으면 좋겠습니다.

정승일 저투자 현상의 구조적 문제점 중 가장 중요한 것은 역시 자본 시장, 즉 주식 시장의 압력이라고 봅니다.

장하준   주주들에 대한 배당률이 점점 더 높아지고 있어요. 현재 대다수 기업들의 경우 가뜩이나 부채비율 상승이 두려워 대출을 꺼리는 상황인데, 이렇듯 배당률까지 올라가니 투자할 돈이 점점 줄어드는 것은 당연한 일이라고 할 수밖에 없겠죠. 게다가 주식 시장이 요구하는 높은 수익률을 맞춰 줘야 하니 섣불리 투자에 나설 수도 없고요. 수익률이 떨어지면 당장 경영권에 대한 압박이 들어올 테니까요.
이게 우리나라만의 현상은 아닙니다. 어느 나라나 주주 자본주의를 도입하면 배당률이 올라가고 투자율은 떨어지게 마련입니다. 통계에 따르면 미국도 1980년대 이후 주주 자본주의가 강화되면서 배당률은 계속 올라가고, 투자율은 갈수록 떨어지거든요.

정승일   심지어 은행에서 돈을 빌려서 주주들에게 배당금을 주는 경우도 있습니다. 내부 유보금이 없어서 투자를 못하는 기업이 말이죠.

이종태   주주의 권익을 대폭 강화하는 방향, 즉 주주 자본주의로 한국 경제가 바뀌어 가고 있고 그것이 저투자의 원인이란 말씀인 것 같습니다. 그 주주 자본주의란 것에 따르면 재벌은 당연히 해체되어야 하겠지요. 재벌 가문들은 실제로 가진 주식은 얼마 되지 않으면서 피라미드 구조를 통해 그룹 전체를 부당하게 지배하고 있으니까요. 그런 관점에서 볼 때 주주 자본주의는 이른바 '경제 민주화'의 정신에 상당히 상응한다고 말할 수 있지 않겠습니까?

정승일   (개혁 세력이) 출자총액제한제도 강화 등을 통해 재벌의 피라미드 구조를 제한하고 약화시키려 하는 것도 그래서겠지요. 그리고 그렇게 함으로써, 다시 말하면 재벌 계열사들이 피라미드 구조에서 벗어나 독립함으로써 합리적 투자가 활성화될 것이라고 가정하는 듯합니다. 그러나 이분들의 주장은 재벌이라는 '절대 악(惡)'을 압박하기만 하면 좋은 일(투자)이 일어나리라는 막연한 주장 이상의 것이 아닙니다. 투자를 다시 늘리기 위한 구체적인 방안은 내놓지 못하고 있는 셈이니까요.

한 번 생각해 봅시다. 삼성전자가 삼성그룹에서 떨어져 나와 독립기업이 되면 과연 투자가 늘어날까요. 저는 아니라고 봅니다. 소버린 같은 투기 자본이 대주주가 되는 경우 오히려 지금보다 훨씬 더 주식 시장의 압력에 노출될 것이고, 그 경우 삼성전자는 수익금을 재투자하기보다는 배당률을 높이거나 아니면 주가를 올리기 위해 지금보다 더 많은 자사주를 사들여 소각하는 데 몰두하게 될 것입니다. 또 현재의 장기적 경영도 포기하게 될 가능성이 높고요.

장하준   장기 계획을 세울 수 없다는 것이 영미식 주주 자본주의의 가장 큰 단점이죠.

정승일　　현재 재벌 개혁이 경제 민주화인 것처럼 논의되고 있습니다만, 제가 보기에 재벌 개혁은 경제 민주화와 무관합니다. 물론 재벌이라는 시스템이 박정희의 개발 독재와 연관되어 꺼림칙하긴 합니다만, 재벌 체제는 남들이 보기에 '과잉'이라고 할 정도로 과감한 투자를 통해 경제를 성장시키기 위한 시스템이었습니다. 그런데 경제 성장이란 것이 과연 경제 민주화와 어긋나는 것일까요?

장하준　　서민들에게 가장 필요한 일은 순조로운 경제 성장과 그로 인해 일자리가 많이 생기는 것 아닙니까? 저성장 체제로 들어간다고 할 때 가장 피해 보는 집단은 노동자들입니다. 부자들은 이 체제든, 저 체제든 사는 데 별 문제가 없기 때문입니다. (개혁 세력들은) 재벌 체제를 깨면 일반 노동자들에게 적잖은 혜택이 돌아갈 것이라고 보는 듯한데, 글쎄요….

사실 그 과정에서 이익을 챙기는 것은 금융 자본과 외국인 투자자들입니다. 1997년 이후 지속적으로 재벌 개혁을 해 왔습니다만 솔직히 노동자들이 덕 본 것이 뭐가 있습니까. 일자리 불안해지고, 비정규직 많아지고…. 결국 과거 체제의 문제점에 대한 진단이 잘못되었기 때문에 잘못된 처방이 나오고 있는 겁니다. 그리고 그 결과 대외 의존은 심화되고, 불평등은 늘어만 가는 거고요.

개혁 강화가 종속 심화라는 아이러니

이종태   지금까지의 이야기를 종합해 보면 개혁 세력들이 그릇된 판단으로 주주 자본주의를 수용했고, 그 결과는 불평등과 대외 의존의 심화로 나타나고 있다는 것으로 정리됩니다. 그리고 여기서 '대외 의존의 심화'는 이 대담을 시작할 때 나온 용어인 '종속'을 가리키는 것이겠지요. 사람들이 낡은 이론이라고 비웃을 것 같기도 한데, 그래도 한번 '종속'을 화두로 계속 논의해 보는 것이 바람직할 것 같습니다.

장하준   미국도 근대화 초기엔 영국에 대한 자본 종속을 엄청나게 경계했습니다. 그래서 20세기 초까지 외국인은 미국 은행의 이사가 될 수 없고, 미국에 영주하지 않는 이상 주주라 할지라도 투표권을 행사할 수 없었을 정도였으니까요.

이종태   그렇군요. 하지만 여기서 이야기가 더 진전되기 전에 먼저 그 '자본 종속'이란 것에 대해 정의를 내려 주셨으면 합니다. 과연 그것이 한국의 상황에 부합할지의 여부에 대해서도요.

장하준   자본 종속이란 자본의 소유가 외국으로 넘어가 있는 상태라고 말할 수 있습니다. 사실상 경제 자체가 넘어갔다는 이야기지요. 이게 바로 외국인 직접투자와 차관의 차이입니다. 차관은 이자만 주면 됩니다. 외국인들이 기업 운영에 간섭할 수 없는 거죠. 그러나 직접투자를 한 외국인은 국내 회사를 소유하면서, 운영에서 존폐에 이르기까지 모든 결정권을 행사할 수 있습니다.

정승일   1997년 이전에는 대부분의 외국 자본들이 소유권을 지향하는 주식 형태가 아니라 은행 대출(차관) 형태로 들어왔습니다. 그러나 그 이후엔 대부분 주식 형태로 들어오고 있는데, 주식은 바로 소유권입니다.

장하준   그렇죠. 1997년 이전에는 외국인이 직접투자를 한다고 하더라도 그 비율이 제한되어 있어 외국인에 의한 인수·합병이 불가능했습니다. 그러나 지금은 모두 풀려 버렸거든요.

정승일   정확하게 말하면 (외국인들이) 기업 지배권을 장악하게 되었다는 거죠.

이종태   예컨대 한국 경제에서 주요 부문의 키를 모두 외국인들이 잡게 되었다는 것 아닙니까? 하긴 최근 몇 년 사이 국민 경제를 들었다 놓았다 할 수 있는 대기업들과 은행들에 대한 외국인들의 주식 소유 비율이 급격하게 높아지기는 했습니다. 그리고 많은 경우 주식의 절반 이상이 외국인들에게 넘어간 상태이기도 하고요. 그러고 보면 주주 자본주의와 종속이라는 현상들은 꽤 유기적으로 얽혀 있다고 할 수 있겠군요. 주주 자본주의를 수용하지 않았다면 외국인들이 주요 기업 및 은행들의 소유권을 장악하기는 어려웠을 터이니까요.

정승일   이쯤에서 옛날 종속 이론 이야기를 좀 해 볼까요. 그 당시를 회고해 보면, 종속 이론이 우리나라에 급속히 확산된 것이 1984년도의 일이라고 생각됩니다. 당시 우리나라 외채가 400억 달러를 돌파해 세계 4위였거든요. 브라질, 아르헨티나, 멕시코, 한국…. 뭐, 이런 식이었을 겁니다.

그런데 상위 3개국에서 모두 금융 위기가 터졌어요. 그러자 운동권에서는 (혁명적 정세를 기대하면서) 다음은 한국이라고 생각했던 겁니다. 예컨대 재벌은 독점 자본인 동시에 외세에 종속되어 있다, 따라서 재벌이 강해질수록 종속이 심해지고, 그와 함께 빈부격차가 심화되면서 중소기업이 몰락하게 되어 있다… 이런 식으로 구조적으로 얽혀 있는 탓에 결국 한국 경제는 망하게 되어 있다는 시나리오에 입각해서였지요.

그런데 1989년도쯤 외채가 오히려 엄청나게 줄어들었어요. 3저 호황으로 돈을 벌어 갚아 버린 거지요. 그 무렵까지는 저도 운동권이라 할 수 있었는데, 참 몹시도 헷갈리더군요. 시나리오와는 너무 커다란 차이를 보이고 있었으니까요.

장하준   그때 운동권의 오류는 우리나라 자본 시장이 당시 아직 개방되지 않고 있었다는 것을 깨닫지 못한 겁니다. 자본 종속이 안 되었기 때문에 채무를 갚는 것이 가능했던 거죠.

<u>정승일</u>   그게 무슨 말이냐 하면, 가령 (자본이 종속된) 멕시코, 브라질, 아르헨티나에는 수출하는 제조업체가 거의 없었습니다. 남미 기업의 경우 외국 자본에 지배권을 빼앗긴 상태였는데, 외국 자본의 입장에서는 이들 남미 나라들의 국내 시장만 겨냥하면 되니까 수출 산업을 육성할 필요가 없었거든요. 게다가 수출을 하면 결국 다른 나라에 있는 자기네 회사의 경쟁자가 될 것 아닙니까. 그런데 그와 달리 한국은 3저 호황 시기에 반도체, 자동차, 조선 부문 등의 수출로 엄청난 이익을 냈던 겁니다.

여기서 잠시 예전 박현채 선생의 민족 경제론 이야기를 해야겠습니다. 민족 경제론 입장에서는 한국이 외국 자본에 의존해 중화학 공업화를 추진했기 때문에 조만간 붕괴할 거라고 봤습니다. 잘못 본 거죠. 왜냐하면 당시 한국은 외국 자본을 들여오긴 했지만 지배권은 뺏기지 않은 상태였거든요.

<u>장하준</u>   우리와 남미의 가장 큰 차이는 우리나라의 경우 자본 종속 상태가 아니었다는 겁니다. 자본 시장도 개방되지 않았고요. 그와 관련해 가장 제시하기 좋은 지표가 외국인의 100% 소유를 인정하느냐의 여부입니다.

1980년대 후반에 나온 통계를 보면 우리나라에서도 당시 수출자유

지역의 경우에는 외국인의 100% 소유를 인정했습니다.

그런데도 한국에 진출한 외국 투자 기업 중 외국인 100% 소유 기업은 6% 정도에 불과했어요. 나머지는 모두 외국 기업과 한국 기업 간의 합작 기업이었는데, 그 합작 기업들에 대한 경영 지배권은 대부분 한국 측이 행사하는 식이었고요. 반면 브라질의 경우 외국인이 100% 소유하고 지배권을 행사하는 기업의 비율이 50%, 멕시코는 60% 수준이었습니다.

우리나라와 남미는 이렇게 완전히 다른 경제였던 겁니다. 그런데도 예전의 종속 이론가들은 우리나라가 종속되어 있다고 믿었어요. 그러니까 곧 붕괴할 거라고 생각할 수 있었던 거죠. 하지만 우리나라는 망하지 않았어요. 아니, 오히려 대단한 경제 성장을 이루어 냈죠. 그런데 이제 역설적인 현상이 벌어지고 있는 겁니다. 자본이 종속되어 버렸거든요.

이종태   상당히 씁쓸한 이야기들을 하시는군요. 현재 개혁 세력 중 상당수는 1970년대와 1980년대에 청년 시절을 보냈고, 그 당시 한국 경제가 종속되어 있다고 믿어 의심치 않았던 세대입니다. 때문에 당시 한국 경제의 구조에 맞서 이론적·실천적으로 투쟁하는 과정에서 나름대로 대안을 만들어 낸 것이고, 그것이 1997년 이후 조금씩이나마 실현되어 온 셈이라고 할 수 있겠죠.

그런데 두 분 말씀은 오히려 당시가 종속적인 색채가 덜했고, 개혁 세력들이 개혁을 추진한 결과 종속 구조가 더욱 심화되었다니, 그

것 참….

정승일   당시 한국 경제가 종속적으로 발전하고 있다는 근거는 '외국 차관을 도입해 왔다.' '기술은 모두 외국 것이다.' 하는 것들이었습니다. 그런데 차관에 대해서 말씀드리자면, 들여오긴 했지만 외국인의 경영권 장악은 차단했으니 자본 종속이라고 말할 수 없을 것입니다. 그리고 기술 종속에 대해서는….

장하준   이른바 기술 종속은 경제 개발 초기엔 불가피한 것이라고 봐야 합니다. 1980년대 중반에 어떤 교수님께 이런 강의를 들은 적이 있어요. 그분이 개탄하면서 말씀하시길 '우리나라는 원자력 발전소 지어 놓고 스스로 운영하지도 못한다. 자주 미국에 전화 걸어서 물어보고 해야 겨우 운영할 수 있는 것이 우리나라다. 이런 나라가 어디 있냐?' 하는 것이었습니다. 물론 그때는 저도 '아! 그렇구나.' 했죠. 그런데 나중에 다시 생각해 보니 말도 안 되는 이야기였어요. 도대체 우리나라가 언제부터 원자력 연구를 했다고 원자력 발전소를 몇 년 만에 스스로 운영할 수 있겠어요?

정승일   어차피 기술만큼은 후발국이 선진국에게 배울 수밖에 없는 것이죠. 그렇지만 현재는 오히려 기술이 엄청나게 발전했습니다. 수준이 세계 수위예요. GNP(국민총생산) 대비 R&D(연구개발) 투자 비율에서 보면 세계 5~6위로 영국과 이탈리아를 앞설 정도니까요.

장하준　미국 특허청에서 외국인에게 부여하는 특허 있잖아요. 그 특허의 개수를 GDP(국내총생산) 대비로 따져도 한국은 세계 5~6위 수준입니다. 기술 부문에서는 선진국을 그만큼 따라잡았단 이야기죠.

'개혁론'에는 현실이 반영되지 않았다!

이종태　그렇다면 개혁 세력의 경제관에 상당히 문제가 있다는 이야기가 되나요? '세숫대야 물 버리다가 아이까지 버린다.'는 속담도 있지만 과거 시스템을 비판하다 보니 긍정적인 부분까지 부정적인 것으로 보고, 더 반민중적인 시스템을 진보적인 것으로 착각한다든가 하는….

장하준　얼마 전 성경륭 국가균형발전위원장이 『창작과 비평』 좌담에 참석한 기사를 읽었습니다. 이분은 우리나라가 아직도 외국에서 기술 들여다가 하청 작업을 하는 조립형 경제라고 주장하던데, 어떻게 현재의 한국을 1960년대와 똑같이 조립 가공형 경제라고 볼 수 있는지….

제가 보기에 이분들은 개발 독재 시대에 벌어진 일들을 모두 부정하고 싶은 겁니다. 그와 관련 오늘 신문을 보니까 어떤 교수님께서 아주 좋은 지적을 했더군요. '지금 정부가 기업 인수·합병 시장을 자유화하면서 노동 시장은 보호하겠다고 하는데, 이건 앞뒤가 안 맞는 소리'라는 겁니다.

사실 미국이나 영국 외의 다른 나라에서 기업 인수·합병이 자유롭지 않은 이유는 미국이나 영국만큼 해고가 자유롭지 않기 때문입니다. 그런데 우리 정부는 신자유주의적 발상에서 인수·합병 시장을 자유화한다면서 또 노동자는 보호하겠다고 하는 모순을 범하고 있는 거죠.

<u>정승일</u>   해고를 자유롭게 할 수 있는 것을 노동 시장 유연화라고 한다면, 적대적 인수·합병을 자유롭게 할 수 있는 것은 자본 시장 유연화라고 할 수 있습니다. 자본 시장에 재벌처럼 기업 집단이란 것이 존재하면 자본이 마음대로 이동할 수가 없으니까 이걸 깨 버리고 모든 것을 자본 시장에 맡기자는 것이 자본 시장 유연화의 논리죠.

그런데 적대적 인수·합병이 발생하면 경영자가 해고되고, 그 경우 해당 경영자와 노조가 맺은 단체 협상도 무효화되기 쉽습니다. 자본 시장 유연화와 노동 시장 유연화가 긴밀하게 결합되어 있는 셈이죠. 실제 미국의 경우 적대적 인수·합병이 활성화되면서 노조가 무력화된 경험을 많이 가지고 있어요.

참여연대의 김기원 방송통신대 교수 같은 분은 미국에서 노조 세력이 약화된 것과 소액주주 운동과는 무관하다는 식으로 말씀하시는데, 그렇지 않아요. 미국에서 소액주주 운동을 주도하는 캘리포니아주 공무원연금기금(캘퍼스; CalPERS)이 가장 노리는 것 중 하나가 적대적 인수·합병에 대한 방어 장치를 제거하는 것입니다.

이종태　김기원 교수께서는 미국 기업체의 지배 구조엔 별다른 문제가 없는데, 미국 노동자의 고용 상황이 불안하고 점점 악화되는 것은 노조의 조직률이 약하고 사회보장이 취약하기 때문이라고 하시는데, 정 박사님께서는 미국의 기업 지배 구조 하에서는 노조 조직률과 사회보장이 취약할 수밖에 없다고 하시는 셈이군요.

정승일　이야기가 조금 옆으로 샌 것 같은데, 종속에 대해 조금 더 이야기하면, 우리나라는 100년 전의 근대화 자체가 종속과 식민지화로 시작되었습니다. 저는 김기원 교수나 참여연대 경제개혁센터 분들이 일종의 '제2 근대화 운동'을 하고 있다고 생각합니다. 우리나라 자본주의를 합리화, 투명화하고 동시에 선진국형으로 만들어야 한다는 입장이라고 보기 때문이죠.

그 취지에는 저 역시 전적으로 공감하는 바입니다. 하지만 한국 같은 후발국, 약소국의 경우 근대화 혹은 현대화라는 것이 '제2의 식민지'화와 연결될 수 있다는 점을 상기해야 합니다. 그걸 경계하지 않고 근대화 그 자체만 지상 목표로 간주하면 자칫 경제적 주권과 자립성을 잃어버리게 될 위험성이 상당히 있습니다.

실제로 경제 개혁론자들은 좀처럼 외국 자본을 비판하지 않는데, 물론 외국 자본 자체는 좋은 것도 나쁜 것도 아닙니다. 다만, 우리가 어떤 제도와 조건을 가지고 받아들이는가에 따라 상황이 달라질 뿐이죠. 그런데 경제 개혁론자들은 외국 자본에 대해 무조건 후한 점수를 주는 것 같다는 게 문제입니다.

장하준   외국 자본에 대한 환상이 많다는 느낌이 들 정도입니다. 모두 합리적 자본이라고 보는 것 같아요.

정승일   설사 외국 자본이 더 합리적이고, 기술과 문화도 더 뛰어나다 해도 외국 자본을 천사처럼 볼 필요는 없는 겁니다. 실제로 천사도 아니고요. 흔히들 외국 자본에게 맡기면 경영도 합리화시켜 주고, 선진 기술도 그냥 갖다 쓸 수 있게 해 주고 그러리라고 생각하는 것 같은데, 실제로는 그렇지 않습니다. 그런 전철을 밟았던 남미의 경우를 보면 그것이 명확해지죠. 남미 경제는 악화일로를 밟아 왔고, 이른바 해외 선진 기술도 거의 이전 받지 못했거든요.

장하준   좋은 지적입니다. 한마디로 자본에도 국적이 있다는 말씀인데…. 제가 그런 이야길 하면, 공정거래위의 강철규 위원장 같은 분은 '1960년대식 종속 이론'이라고 하고, 또 다른 쪽에서는 '재벌의 앞잡이'라고 하는 바람에 제가 본의 아니게 극좌도 됐다가 극우도 됐다가 그러는 형편입니다.
그런데 한번 생각해 보죠. 설사 외국 자본이 더 합리적이고 경영을 잘한다 합시다. 하지만 그렇더라도 외국 자본에게 우리 경제를 맡기는 게 우리나라의 장기적 발전을 위해 좋은 일일까요? 글쎄요….

그런 식으로 생각한다면 일찍부터 외국 자본의 100% 소유를 인정해 버리는 것이 좋았겠죠. 또 삼성, 현대 같은 게 무슨 필요가 있겠습니까? 그냥 포드나 GM에게 모든 것을 해 달라고 하면 되지.

이종태   우리나라에서는 요즘 기업의 투명성과 전문성, 책임성이 부쩍 강조되는데, 그래도 남미의 기업들이 투명해진 건 사실 아닙니까? 그리고 재벌들이 우리나라처럼 기승을 부리는 일도 없을 거고요.

장하준   솔직히 말하면 남미에는 투명성을 따질 만한 기업도 없습니다.

정승일   제조업 부문에 대기업이 별로 없어요. 브라질 같은 경우 제조업이 있긴 한데, 주로 하청 기업들이고요.

장하준   그래도 브라질은 워낙 덩치가 크니까 내수에 의지해서 경제가 굴러갑니다. 그런데 멕시코 같은 경우에는 1980년대 경제 개방 이후 산업이 거의 없어지다시피 했죠.

이종태   그러니까 두 분 말씀을 요약하면 이렇게 되겠군요.
'오늘날 이른바 경제 개혁을 추진한 결과 어처구니없게도 한국의 경제 종속은 더 심화되고 말았다. 그 원인은 신자유주의적 구조를 맹목적으로 도입한 데에 있다. 신자유주의적 경제 체제는 금융 자본을 위한 시스템으로 저성장을 지향하기 때문이다. 선진국으로 도약하고자 열망하는 우리나라 입장에서는 맞지 않는 제도인 것이다. 과거의 잘못된 구조를 바로잡기 위해 불가피하다 내지는 필수적이라는 주장도 하는데, 그런 주장은 별로 근거가 없다. IMF 사태 직전 몇 년 동안의 과잉 투자는 우리나라 경제 체제의 문제가 아니라 금융 자유화의 결과였기 때문이다. 게다가 외국 자본이 우리나라 기업들의 질적 수준을 높여 준다는 보장은 어디에도 없다. 남미의 경우 외국 자본을 도입하였지만 실질적으로 산업 공동화만 초래하였을 뿐이다.'

이게 사실이라면 너무 충격적인 일이 아닐 수 없습니다. 우리가 지금 빈대 잡자고 초가삼간 태우는 꼴인지도 모르니까요. 하지만 그러기에는 아직 따져 보고 확인해야 할 것들이 조금 더 있는 것 같습니다. 다만, 오늘은 시간이 많이 지난 관계로 다음번에 다시 이야기를 진행했으면 합니다.

박정희의 개발 독재를 어떻게 볼 것인가?

1부 2장

이종태   어제 박세일 한나라당 의원이 아주 재미있는 이야기를 했습니다. 박 의원은 '80년대 민주화 운동 세력이 한국 현대사에 대해 극단적으로 좌편향적인 해석을 해 왔다.'며 그 사례 중 하나로 '1960년대 이후 산업화의 성공을 의도적으로 폄하했다.'고 주장하는 식이었죠.

그래서 오늘은 1960년대 이후의 경제 발전을 어떻게 평가할 수 있는지 논의해 봤으면 좋겠습니다. 우선 '80년대 민주화 운동 세력'이라면 아무래도 이른바 386 정치인들을 가리키는 것 같은데, 박 의원 말씀대로 이들 386 정치인들이 산업화의 성공을 과연 의도적으로 폄하했다고 할 수 있을까요?

정승일   '의도적 폄하'라는 것은 이른바 386 정치인들이 당시의 산업화가 성공적이라는 것을 자신들도 알지만 그럼에도 어떤 정치적 의도 때문에 깎아내리면서 짐짓 모르는 척 한다는 의미잖아요. 하지만 그런 것 같지는 않습니다. 그분들, 그러니까 386 정치인들은 정말 몰랐던 겁니다. 웃음

장하준　우리가 지난번 대화 자리에서 그런 이야기를 했습니다. 1970~1980년대에는 종속 이론에 바탕해서 '박정희가 한국 경제를 외세에 종속시켰다.'는 주장들을 많이 했는데, 냉정하게 따져 보면 1997년 이후 훨씬 더 종속되었다고 말입니다.

저도 학생 때 종속 이론 공부를 많이 했습니다. 그런데 종속 이론의 논리라는 것이 주변부 국가들*에서는 경제 발전이 이루어지지 않을뿐더러, 설사 외관상 경제 발전이 이루어진 것같이 보여도 기실 외국에 종속되어 있기 때문에 별다른 의미가 없다는 것 아닙니까? 따라서 386 정치인들 입장에서는 (1960년대 이후의 경제 발전이) 실패로 보이는 겁니다. 이건 알고 모르고의 문제가 아니에요.

정승일　그런 점에서 박세일 의원의 주장, 즉 386 정치인들이 '반시장·반민주·반민족' 세력이라는 견해는 옳지 않습니다.

먼저 반시장에 관해 말한다면, 저는 경제 개발에 관한 한 박정희가 성공했다고 보는데, 그 이유는 그가 시장 주도형이 아닌 국가 주도형 경제 개발 노선을 선택했기 때문이라고 생각합니다. 반시장주의 덕분에 경제 개발에 성공했다는 것이죠. 그런데 386 정치인들이 박

정희의 경제 개발 방식을 줄곧 공격해 온 점을 감안하면 그분들의 입장은 친시장이지 반시장이 될 수가 없습니다.

둘째로 반민주에 대해 말한다면, 박정희 세력은 경제 개발 과정에서 민주화 세력을 엄청나게 탄압한 반민주 세력이었습니다. 이런 박정희 식 정치 체제를 반대하는 386 정치인들이 반민주 세력일 리는 없겠죠.

셋째로 반민족에 대해 말한다면, 386 정치인들이 박정희 시대의 한국 경제를 식민지로 간주했던 인식은 완전히 잘못되었다고 봅니다. 박정희 체제는 경제 문제와 관련 오히려 종속당하지 않기 위해 상당히 민족주의적인 입장을 표방했다고 보기 때문입니다.

박정희 개발 독재를 어떻게 볼 것인가?

이종태   마치 박정희 체제가 상당히 민족주의적인 정부였다는 말씀으로도 들립니다. 그렇다면 그런 박정희를 공격해 온 386 정치인들이 반민족적이란 것인가요?

- 1970~1980년대를 풍미했던 종속 이론의 핵심적 개념. 종속 이론에 따르면 세계 경제는 수탈당하는 주변부 국가와 이들 주변부 국가들을 착취하는 중심부 국가로 구성되어 있는 관계로 주변부 국가의 경우 진정한 의미에서의 경제 발전이 원천적으로 불가능하다. 이 같은 종속 이론에 입각한 문제 의식은 1980년대 노동·학생 운동권의 기본적인 세계관으로 이어졌고, 민족해방(NL) 계열의 식민지 반자본주의론과 민중민주(PD) 계열의 신식민지 국가독점자본주의론 등으로 계승된다.

정승일 　글쎄요. 민족이니 반민족이니 하는 식으로 획일적으로 규정하는 방식에 문제를 제기한 것뿐입니다. 예컨대 386 정치인들의 경우 정치·군사적인 면에서는 상당히 민족주의적이지만, 경제 부문으로 들어가면 신자유주의와 세계화를 옹호하는 경향이 있고, 따라서 반민족적인 색채를 보인다고 생각합니다. 물론 박정희를 공격하다 보니 자기도 모르는 사이에 그렇게 된 것일 수도 있겠지만 어쨌든 경제적인 측면에서는 그렇습니다.

이종태 　조금 전에 박정희가 경제 개발에 성공했다고 주장하셨는데, 그 말씀이 알려지면 흥분할 분들이 아주 많을 겁니다. 다른 무엇보다 얼마나 어마어마한 파장을 불러일으킬 소지가 있는 발언을 하신 건지 정 박사님 스스로 알고 계신지가 궁금하군요. 웃음 그럼 여기서 다른 무엇보다 먼저 '박정희는 경제 개발에 성공했다.'는 명제를 입증해 주셨으면 합니다.

장하준 　객관적인 통계 수치로 이야기를 해 보겠습니다.

정승일 　다 아는 이야기지만 당시 세계 최고의 경제 성장률을 기록하지 않았나요?

장하준 　그렇죠. 하지만 그보다 유럽의 산업혁명 있잖습니까? 그때 경제 성장률이 얼마였는지 아시나요? 1.1% 정도입니다. 이 시기를 연구하는 경제사가들이 '당시 경제 성장률이 1.1%였나 1.4%였나.' 같은 문제를 놓고 논쟁을 벌이는 것으로 보아서요.

정승일   그리고 그 1% 대의 경제 성장률을 가지고 혁명적 성장이라고 이야기들 하죠.

장하준   그럴 수밖에 없는 것이 산업혁명 이전까지만 해도 1인당 소득의 연평균 성장률이 0% 내지는 0.1%에 불과했어요. 심지어는 마이너스인 경우도 많았을 정도였고요. 그런데 한국 경제는 본격적으로 경제 개발이 시작된 1960년대 이후 1인당 소득의 연평균 성장률이 매년 6% 정도를 기록합니다.

이런 식으로 이야기하니까 1%나 6%나 그게 그것인 것 같죠? 하지만 천지차이입니다. 1%씩 성장을 하면 국민소득이 2배가 되는 데 70년 정도 걸립니다. 그러나 성장률이 6%가 되면 12년 정도면 국민소득이 2배로 늘어납니다. 그게 얼마나 큰 차이를 불러오는지 실례를 들어보죠.

한 세대를 30년으로 치면, 매년 1%씩 성장하는 국가의 경우 두 세대가 지나야 소득이 2배가 됩니다. 하지만 매년 6%씩 성장하는 국가의 경우에는 두 세대가 지나면 소득이 64배가 됩니다. 그러니 엄청난 경제 성장 속도라고 할 수밖에 없지 않겠어요?

말이 나온 김에 하는 이야기지만, 1961년 당시 한국의 1인당 국민소득이 82달러였습니다. 당시 가나의 1인당 국민소득은 한국의 2배가 넘는 179달러였고, 아르헨티나는 그 2배가 넘는 400달러였습니다. 당시의 우리나라는 그토록 가난한 나라였던 겁니다. 그런데 지금은 그 사실을 잊은 것 같아요.

얼마 전에 세계은행 부총재를 지낸 노벨 경제학상 수상자 스티글리츠(Joseph Stiglitz)가 방한했을 때 제가 그를 국립박물관으로 안내해서 함께 1950~1960년대 민중 생활 사진전을 관람한 적이 있습니다. 특별히 가난한 동네는 아니고, 그렇다고 잘 사는 동네는 물론 아닌, 평범하게(?) 가난한 동네의 모습이 많았죠. 이제 마흔인 저의 경우에는 어릴 때 흔하게 봤던 광경이었고요. 그런데 우리 뒤에 서 있던 20대 초반 여성 두 분이 '저게 정말 한국이야? 베트남 아냐?' 그러는 거예요. 그러니까 제가 예전에 매일 보던 광경을 20대 초반의 두 여성은 구경한 적이 없는 거죠. 이 정도로 경제 발전이 나라를 바꿔 놓은 겁니다.

사실 역사적으로 경제 발전을 추진하지 않은 나라는 없습니다. 그러나 1961년 당시 한국의 2배였던 가나의 1인당 국민소득은 지금 350달러에 불과하죠. 아르헨티나도 당시엔 우리나라의 5배였지만 지금은 3분의 2 정도밖에는 되지 않고요. 심지어는 북한도 건국 초기엔 경제 발전을 순조롭게 추진해 '기적'이란 소리를 들었어요. 한국의 경제 발전이 '한강의 기적'이라고 일컬어진 때보다 훨씬 전의 일이었지요.

영국의 저명한 경제학자인 조안 로빈슨 여사가 1964년에 쓴 글에 그게 나타납니다. 「코리아의 기적」이라는 논문인데, 예전에 케임브리지대 도서관에서 우연히 이 글을 발견하고 읽다가 거기서 말하는 코리아가 '사우스 코리아(남한)'가 아니라 '노스 코리아(북한)'라서 깜짝 놀란 기억이 생생합니다.

물론 박정희가 경제 발전에 박차를 가했던 이유 중 하나는 이런 북한에 두려움을 느꼈기 때문이었을 겁니다. 하지만 어떤 식으로든 모든 나라들이 경제 발전을 시도했음에도 불구하고 장기적으로 고성장을 유지한 사례는 세계적으로도 그리 많지 않습니다. 때문에 저는 경제 발전을 절대로 과소 평가해서는 안 된다고 생각합니다.

물론 경제 발전을 이루기 위해 꼭 박정희처럼 유신 독재를 감행해야 했는가 하는 것은 논쟁할 수 있겠지요. 그러나 '경제 발전이 좋으냐 나쁘냐.'는 논쟁이 필요한 문제는 아니라고 생각합니다. 지금은 경제 발전이 이뤄 낸 성과를 우리 모두 공유하고 있기 때문에 당연하게 여기는 경향이 있지만, 한 번 생각해 보십시오. 경제 발전이란 것은 단순히 잘 먹고, 좋은 옷 입게 되는 것만은 아닙니다. 병을 앓지 않고, 오래 살고, 어린 자식을 잃지 않도록 삶의 질을 높이는 것이 경제 발전입니다.

그걸 확인하기 위해 멀리 갈 필요 없습니다. 우리 부모 세대만 해도 한 집안에서 자식 한둘은 어릴 때 질병 등으로 말미암아 잃곤 하는 일이 흔하지 않았나요?

우리의 경제 발전은 당연한 결과였다?

정승일　한국의 경제 발전에 대한 또 다른 시각 하나에 대해서도 이야기를 했으면 합니다. 그것은 '박정희가 이룬 경제 성장은 누구나 다 할 수 있었다.'는 견해입니다.

지난 8월 초 민주노동당 최순영 의원이 『오마이뉴스』를 통해 박근혜 한나라당 대표에게 보낸 공개 편지에 '경제는 누가 그 자리에 있었더라도 노동자의 희생 속에 성장했을 거라는 것은 삼척동자도 알 수 있는 것'이라는 구절이 있더군요. 물론 최 의원의 편지 중에 공감이 가는 대목도 많았습니다. 하지만 그 대목을 읽으면서 이후 진보 진영이 정치적으로 성공하려면 좀 더 냉정한 현상 인식이 필요하겠구나 하는 생각이 들었던 것도 사실입니다.

경제 발전은 '아무나 할 수 있는 것'이 절대로 아닙니다. 노동자들이 희생당하고 착취당한다고 해서 반드시 경제가 발전하는 것도 아니고요. 남미, 아프리카, 아시아, 아랍 등 과거 식민지였던 국가 중에서 제대로 된 경제 성장을 이룬 나라가 몇 군데나 됩니까? 한국, 대만, 싱가포르 정도 아닌가요? 그렇다면 다른 나라들은 노동자를 착취하지 않아서 경제 발전에 실패한 것일까요?

물론 박정희 시대에 국가와 자본은 노동자들을 가혹하게 착취했습니다. 노동 시간이 세계에서 가장 긴 편이었고, 정상적인 노동조합 활동을 방해하는 등 여러 가지로 노동권을 잔인하게 탄압했죠. 그러나 자본주의라는 것은 본질적으로 노동자를 착취해야 성립할 수 있는 체제입니다.

저는 아까 '박정희가 경제 개발에 성공했다.'고 주장한 바 있는데, 이를 조금 더 정확히 표현하면 '박정희가 자본주의적 경제 성장에 성공했다.' 혹은 '세계 자본주의 체제 내에서 비교적 자립적인 자본주의 시스템을 만드는 데 성공했다.'고 말할 수 있을 것입니다. 저의 주장은 그 이상도, 그 이하도 아닙니다. 노동자를 착취했지만 자본주의적 경제 발전엔 성공했다는 이야기죠.

조금 전에 말씀드렸다시피 과거 식민지 국가들 중에는 지금도 못 사는 나라가 많은데, 이 나라들이라고 해서 지배층이 민중을 착취하지 않은 것은 아닙니다. 그러나 경제 발전에 성공한 나라의 지배층과 실패한 나라의 지배층 간에는 큰 차이가 있어요. 바로 착취로 빨아들인 부를 어디에 사용했느냐는 것입니다.

예컨대 이승만 체제와 박정희 체제의 차이는, 전자의 경우 민중들로부터 수탈한 부를 흐리멍텅하게 낭비해 버렸다는 겁니다. 남미도 마찬가지고요. 그에 비해 박정희 시대의 국가는 자본이 노동자를 착취해 수탈한 부를 생산적인 방향으로 투자하도록 강요하는 역할을 했습니다. 그 유명한 삼성의 사카린 밀수 사건 때 박정희가 당시 이병철 회장을 불러 '당신, 이제부터는 중화학 공업 등 제대로 된 산업에 투자하라.'고 강요했던 것 아닙니까? 이런 과정에서 한국의 자본가들은 당장 이익을 거둘 수 없음에도 어쩔 수 없이 정부에 협력할 수밖에 없었던 거죠.

다시 한 번 정리하자면 한국의 경제 발전은 착취 때문에 성공했다기보다는 착취한 부를 효율적으로 사용했기 때문에 성공했다고 말할 수 있을 겁니다.

장하준   정 박사님 말씀대로 단기적으로 착취를 많이 한다고 경제가 잘 되는 것은 아니죠. 그 부를 산업 시설, 교육, 사회간접자본 등에 얼마나 잘 투자했는가가 중요합니다.

이종태   알겠습니다. 최순영 의원 식의 문제 제기엔 충분한 답변이 되었으리라고 생각합니다. 그러나 '누가 경제를 지휘했든 한국 경제는 이만큼 성장했을 것'이라는 주장엔 또 한 가지의 다른 버전이 있습니다. 즉 한국의 경우 1960년대 이전에 이미 토지 개혁*, 양질의 노동력 등 경제 발전의 하부 구조가 마련되어 있었던 만큼 차라리 당시부터 '시장 주도의 경제 원칙'을 받아들여야 했다는 겁니다. 그랬으면 지금보다 훨씬 높은 경제 성장을 이루어 냈을 것이라는 주장이죠.

정승일   물론 한국, 대만 등 동아시아 국가들이 성공했던 가장 큰 이유 중 하나가 필리핀이나 남미와는 달리 토지 개혁이 이루어졌기 때문이라는 이야기들을 많이 하죠. 맞습니다. 당시 중국 대륙과 북한에서의 토지 개혁이 당시 인구의 대다수를 차지하던 농민들의 열렬한 호응을 얻자, 그것을 두려워한 미국이 대만의 장개석 정권과 남한의 이승만 정부를 부추겨 토지 개혁을 수행하게끔 도왔고, 그

것이 이후 해당 국가들의 공업화의 토대가 된 것이 사실입니다. 게다가 우리나라의 경우 토지 개혁으로 자기 땅을 얻게 된 농민들이 논 팔고, 소 팔아가면서 자식 교육에 헌신한 결과 1960년대 이후의 공업화에 필요한, 근대적 교육을 받은 인력의 양성과 대량 공급이 가능해진 것이기도 하고요.

그러나 토지 개혁 자체만으로는 그 이후의 경제 발전을 설명할 수 없다고 생각합니다. 남한의 경우 1940년대 후반에 농지 개혁이 시작되었지만, 그 성과가 쉽게 나타난 것은 아니지요. 1950년대 후반기에는 경제 상황이 굉장히 악화되면서 4·19 혁명의 도화선이 될 정도였으니까요. 그 과정에서 이승만 정부는 경제 개발 3개년 계획안이니 한국 경제 부흥 5개년 계획안이니 하는 것들을 세우지만, 이를 추진할 정치 권력이 너무 부패한 상태였기 때문에 실현 가능했을지 의문스럽습니다.

또 당시 자유당에 대한 거의 유일한 대안이나 다름없었던 민주당

• 토지 개혁은 주로 지주-소작농 체제를 자작농 체제로 바꾸는 변혁을 의미하는데, 그 과정에서 국가는 지주의 토지를 유상 혹은 무상으로 소작농들에게 분배하는 역할을 맡는 등 적극적으로 개입하는 경우가 많았다. 이 같은 토지 개혁은 자본주의 발전을 위한 필요 조건이라 할 수 있다.

지주-소작농 체제는 신분제와 결합되어 있는 것이 보통인데, 이를 해체하면 이전의 소작농들 중에서 일부는 도시로 이동해서 공장 노동자로 종사할 수 있게 되고, 소작농에서 자작농으로 신분이 상승된 농민들은 영농 의식이 고취되어 농업 생산성이 높아져 결국 도시의 공장에서 공산품을 생산하는 노동자와 이들이 소비할 수 있는 식량이 확보되는데, 그때야 비로소 자본주의 체제가 성립 가능한 여건이 이루어지기 때문이다.

역시 자본주의적 경제 개발을 제대로 추진할 수 있었던 세력은 아니었던 것으로 보입니다. 왜냐하면 민주당 주류인 윤보선 세력은 지주 계급을 대변하는 한민당 계열인데, 지주 세력의 정치적 영향력이 강한 나라에서는 자본주의가 발전하기 어렵기 때문입니다. 실제 필리핀과 남미에서 경제 개혁이 이루어질 수 없었던 가장 큰 이유를 따져 보면, 결국 지금까지 토지 개혁을 거부하면서 굳건히 버티고 있는 지주 세력 때문이거든요.

사유재산제마저 무시한 박정희 개발 독재

장하준   이종태 씨의 이야기는 '토지 개혁이라는 특수한 조건이 존재하고 있었기 때문에 누가 경제 개발을 지휘했던 간에 현재의 수준 혹은 그 이상으로 한국 경제가 발전할 수 있었을 것'이라는 주장으로 보이네요. 그런 측면이 분명히 존재하는 것은 사실입니다. 그러나 그런 역사적 조건만으로 현실을 설명하는 것은 비과학적인 태도예요. 동일한 조건이 존재한다고 해도 누가 어떤 정책을 운용하고, 어떤 행동을 취했는가에 따라 그 결과는 엄청나게 달라지니까요.

이런 맥락에서 언급할 수 있는 이야기가 '미국의 경제 원조'와 '한국의 경제 발전' 간의 관계입니다. 물론 미국이 원조했기 때문에 한국이 경제 발전에 성공했다고 말할 수도 있겠죠. 그러나 미국의 경제 원조라면 칠레도 많이 받았고, 아프리카에는 한국보다 더 많이 받은 나라도 있을 정도입니다. 하지만 이 나라들은 경제 개발에 실패했어요.

토지 개혁이든 경제 원조든 주요한 조건들이니까 우리나라의 경제 발전과 무관했다고 말할 수는 없을 겁니다. 그러나 이 조건들 때문에 '경제 발전은 이루어질 수밖에 없었다.'는 식으로 말하는 것은 곤란하죠.

그보다는 차라리 박정희라는 존재를 개인적인 우상이나 영웅으로 봐야 하느냐, 아니면 시대의 흐름 속에서 어떤 하나의 스타일을 대표하는 인물로 봐야 하느냐를 두고 논쟁하는 편이 낫습니다.

제 견해를 이야기하자면, 이 박정희 식의 경제 정책, 더 넓게 나아가면 대만·싱가포르·일본 등 동아시아 국가들의 경제 정책에는 일정한 역사적 뿌리가 있는 것으로 보입니다. 그리고 이 역사적 뿌리에는 물론 일본 군국주의의 흔적도 있지요. 하지만 2차 대전 이전에 동아시아에 형성되었던 맑스주의의 영향력도 상당히 강했습니다. 박정희가 어느 정도로 공산주의를 신봉했고, 또 어떻게 남로당에 들어가게 됐는지는 잘 알려져 있지 않지만, 그는 한때 분명히 공산주의자였어요. 더욱이 박정희의 정책은 신고전파 경제학적인 시장 경제 노선과는 너무나 다릅니다. 오히려 맑스주의나, 좀 넓게 보면, 고전파 경제학적으로 경제 발전을 이해할 때 갖출 수 있는 시각이지요.

만약 박정희가 '정통 시장 경제 노선'으로 한국 경제를 운영했다면 어떤 일이 벌어졌을까요? 이와 관련된 좋은 사례가 있습니다. 1960년대 중반, 당시 미국에서는 박정희 정부에 대하여 시장 경제 노선을 채택하라고 수없이 촉구했어요. 맥키논(Ronald I. MacKinnon) 박사 같은 양반들이 한국에 와서 자본 자유화나 시장 개방 정책 등을 실시하라고 권고하는 식이었죠.*

이런 충고에 따랐다가 경제가 거덜나는 바람에 한국 정부가 불가피하게 실시할 수밖에 없었던 것이 바로 그 악명 높은 8·3 조치**입니다. 어떻게 된 거냐 하면, 미국인들이 금융 시장을 자꾸 자유화하라고 해서 그렇게 했더니 실질이자율이 삽시간에 25%로 뛰어오른 거예요. 당연한 일이죠. 신고전파적인 정통 시장 경제 노선에 따를 것 같으면 실질이자율이 높아야 개인들이 저축을 많이 하게 되고, 반면 기업들은 높은 이자율 때문에 신중하게 돈을 빌려 효율적으로 투자하게 되거든요. 그 과정에서 과잉 투자는 당연히 사라지게 되고요.

어쨌거나 이런 제도를 1965년부터 1969년까지 시행했는데, 그 결과가 어떻게 되었냐 하면, 기업들이 이자 때문에 생존하기가 어렵게 되는 지경에 이르게 된 겁니다. 이자에 이자가 붙는 식으로 빚이 눈덩이처럼 불어나면서 경제 전체가 파탄 직전으로 몰리게 된 거죠. 결국 박정희 정권은 1972년 사채를 동결해 버립니다. 그게 바로 8·3 조치거든요.

그런 면에서 보자면, 한나라당 분들은 박정희를 시장주의자로 믿고 싶으시겠지만, 8·3 조치 같은 경우 시장주의는커녕 사유재산 제도까지 폭력적으로 침해한 대표적 사례라 해야 할 것입니다.

<u>정승일</u>　그럼요. 그런데 KDI(한국개발연구원)가 8·3 조치의 본질을 제대로 인식하고 있는 것 같아요. 이 연구원에서 나온 최근 자료를 보니까 '8·3 조치는 사유재산권을 침해한, 박정희 체제의 핵심적 오류'라고 되어 있더군요.

<u>장하준</u>　요즘 KDI는 시장주의적인 경향이 강하죠. 그러나 박정희의 노선은 자본주의라면 몰라도 시장주의는 아니었습니다.

<u>정승일</u>　자본주의를 지키기 위해 사유재산권을 침해했다고 말해도 크게 틀리지는 않을 정도죠.

● 미국의 저명한 금융 경제학자. 이른바 '금융 억압', 즉 정부의 금융 시장 개입에 대한 비판적 이론을 처음으로 정립한 학자로, 1960년대부터 최근에 이르기까지 IMF, 세계은행 등과 함께 제3세계와 개발 도상국, 동유럽의 금융 시장 개방과 금융 자유화를 뒷받침하는 이론 개발과 정책 자문 역할을 수행하여 왔다.
1997년 이후에는 동아시아 금융 위기, 일본의 금융 위기, 국제 통화 제도에 관심을 집중하고 있다. 그의 견해는 김영삼 정부 시절의 세계화와 외환 위기 이후 김대중 정부와 IMF에 의해 이루어진 금융 재편에 큰 영향을 미쳤다.

●● 일명 8·3 사채 동결 조치. 기업의 경우 이 법안 발표 이후 3년 동안 사채를 갚아야 하는 의무가 완전히 면제되었다. 또 3년이 지난 뒤에도 이후 5년 동안 연리 16.2%로 분할 상환하면 그만이었다. 박정희 정부는 그밖에 기업의 은행 대출금에 대해서도 일정 부분을 지원했다.

장하준   박정희뿐만이 아닙니다. 일본의 전후 경제 부활을 주도한 경제 관료들도 대다수가 젊은 시절엔 맑스주의자였어요. 싱가포르의 이광요 수상도 원래는 사회주의자였고요. 그 때문인지 싱가포르의 경우 시장 개방도 많이 하기는 했지만, 토지는 모두 국유화되어 있고, 대부분의 주택이 공공 주택이며, 기업 대다수는 국영입니다. 사회주의적 요소가 상당히 강한 셈이지요. 이광요 수상 자신이 노동 변호사 출신이라 그런지도 모르지만.

어쨌거나 1960년대 중반 이광요가 집권했을 때 영국 외무성에서는 난리가 났다는 거예요. 싱가포르가 공산화되는 줄 알았다나요. 영국 외무성에서 이광요의 성향 자체를 사회주의자로 평가하고 있었던데다, 그의 집권도 공산당과의 연정으로 가능했으니 그렇게 생각하기도 쉬웠겠지요. 대만도 이와 비슷합니다. 국민당 체계는 소련 공산당을 모방한 측면이 강하고, 삼민주의 등의 이념은 시장주의와는 일정한 거리를 둔 체제입니다. 더욱이 장개석의 장남인 장경국 전 총리는 소련의 군사정치학교에서 수학한 바 있고, 부인도 소련 여성이죠.

이렇게 동아시아에서 경제 발전을 성공시킨 지도자의 대다수가 사회주의 혹은 맑스주의 운동과 어떤 방식으로든 관계를 가졌던 사람들입니다.

그런데 여기서 중요한 점은 이들이 자신의 경험을 사회주의 운동으로 표출하기보다는 자본주의를 발전시키는 데 사용했다는 겁니다. 다분히 시사적이죠. 사실 맑스의 저서들을 아무리 읽어 봐도, 자본주의에 대한 탁월한 이해는 얻을 수 있겠지만, 정작 사회주의를 건설하는 방법에 대해서는 아무것도 나와 있지 않거든요.

산업 정책·개발 계획의 본질은 자본 통제!

<u>이종태</u>　박정희 등 동아시아의 지도자들이 시장주의와 상당히 거리를 둔 사람들이었다는 말씀은 이해가 됩니다. 그런 전제 위에서 한 가지 더 질문 드리고 싶은 게 있는데요. 예컨대 시장주의로 경제 발전을 추구하다 실패한 지도자들이 많다면, 반시장주의 노선을 채택했다가 몰락한 지도자들은 없느냐는 거죠. 가령 1950년대에 집권했던 가나의 사회주의 지도자인 앵크루마(Nkrumah)* 대통령 같은 사람들이 있잖습니까? 그와 박정희를 비롯한 동아시아 지도자들과의 차이는 뭘까요?

<u>장하준</u>　박정희가 경제 발전에 성공한 요소 중 가장 중요한 두 가지는 다음과 같습니다.
첫째, 박정희는 시장을 맹목적으로 따르지는 않았지만, 그렇다고 시장을 완전히 부정하지도 않았습니다. 예컨대 북한의 경우 '꽁꽁

---

* 가나의 초대 대통령. 독특한 사회주의적 경제 건설을 추진했으나 경제가 악화되고 강권적 통치 체제에 대한 불만이 증대하면서 결국 1966년 2월 군부 쿠데타로 실각했다.

걸어 잠그고 우리 식으로 살자.'는 것이었어요. 그래서 석회석에서 섬유를 뽑는다거나, 목탄차*를 생산하게 된 거지요. 북한의 경우 한마디로 세계 자본주의 경제로의 통합을 거부했기 때문에 쉽고 저렴하게 들여올 수 있는 기술까지 부정했던 것입니다. 그러나 박정희는 수출을 확대해야 외화를 벌 수 있고, 이 외화로 고급 기술을 도입해야 경제를 고도화할 수 있다는 것을 이해하고 있었습니다. 그렇기 때문에 시장을 철저히 이용했던 거죠.

둘째, 박정희는 자본가를 통제했습니다. 아까 정 박사님도 말씀하셨지만, 남미 경제에서 가장 곤란한 문제는 자본가들이 노동자들을 열심히 착취해서 경제 잉여를 창출하기는 하지만, 그것을 자국에 재투자하는 것이 아니라 해외로 빼돌리는 경우가 많다는 겁니다. 1980년대 남미 외채 위기 당시를 보면 브라질만 자본 시장을 통제하는 제도가 있어서 자본을 해외로 도피시키는 일이 적었습니다. 자본 시장을 규제하지 않았던 멕시코, 베네수엘라 등에서는 외채보다 자본 도피액이 더 많을 정도였어요. 박정희는 이런 현상을 막았지요.

박정희는 심지어 자본가들의 소비도 규제했습니다. 왜, 그 시바스 리갈이라는 술 있잖아요? 박정희가 암살당할 때 마셨다고 해서 유명해진. 전 그 술이 엄청나게 좋은 술인 줄 알았어요. 그런데 영국에 가 보니까 가장 싼 술입니다. 도대체 세계 어느 나라에서 종신 독재자가 시바스 리갈을 마십니까?

그런데 박정희는 자신부터 솔선수범해 가며 부유층들이 외제와 사치품을 못 쓰도록 한 겁니다.

정승일   우리나라 자본가들이야 옛날엔 돈을 쓰고 싶어도 기껏해야 골프나 치는 정도였죠. 몰래 쓰는 것을 빼면….

장하준   말하자면 지금은 그 계급이 해방된 겁니다. 그러니까 지금 체제가 너무 좋은 거예요. '우리가 옛날에 왜 그렇게 병신같이 살았나.' 하는 거죠. 외국에 가서 좋은 물건 사다가 쓰면 되는데 국산 그랜저를 좋은 승용차인 줄 알고 타고 다니고, 대통령이 마신다니까 시바스 리갈을 미군 부대에서 밀수해서 좋은 술인 줄 알고 마시고. 지금 알고 보니 억울한 거죠. 웃음
박정희가 자본가를 통제한 세 번째 측면은 투자를 규제한 겁니다. 그게 바로 산업 정책이고 경제 개발 계획이죠. 그 배짱 좋은 정주영 회장도 못하겠다고 버티는 것을 박정희가 윽박질러 만들게 한 것이 현대조선 아닙니까?

정승일   박정희는 자본가들의 '투자·소비·자본의 유출'을 통제하는 데 성공했다는 것으로 정리될 수 있겠군요. 그런데 제 생각에 해방 이후 김구 선생 같은 민족주의 정권이 집권했다 하더라도 이 같은 자본에 대한 통제는 시행되었을 것 같아요. 자본주의를 발전시

• 연료로 유류 대신에 목탄을 사용하는 자동차.

키려면 물론 노동에 대한 착취를 강화하고 세련화해야겠지만, 그보다 더 중요한 것이 자본을 통제하는 것이거든요. 그에 비하면 노동 착취는 훨씬 쉬운 거죠. 제3세계 신흥 독립국에서는 누구나 할 수 있는 겁니다.

그리고 '박정희가 과연 영웅이냐, 아니면 시대 정신을 일부 대변한 것이냐.'라는 문제가 제기된다면, 저는 당연히 후자라고 생각합니다. 실제로 박정희가 주장했던 자립 경제는 4·19 혁명의 구호였거든요. 조국 근대화 역시 4·19의 슬로건이었고요.

<u>장하준</u>　그런 점에서 이승만과 박정희는 둘 다 독재 정권을 이끌었지만, 크게 다른 점도 있습니다. 이승만은 이미 1950년대 말부터 미국 식 경제 시스템을 흉내 내면서 시장 개방, 금융 자유화 등을 실시합니다. 그때 은행도 모두 민영화했죠. 이걸 박정희가 다시 국유화한 겁니다.

개방·자유화가 곧 경제 발전인가?

<u>이종태</u>　혹시 두 분께서 박정희의 반시장주의적인 측면만 강조하시는 것 아닐까요? 이와 관련해서 지난 1990년대 초 영국의 유력 경제 주간지인 『이코노미스트』가 「한국 경제 특집호」를 냈던 기억이 납니다. 그에 따르면 한국 경제의 성공 원인으로 '수출 지향적 개방

형 경제'라는 점을 들던데….

장하준   『이코노미스트』가 말하는 개방형 경제라는 건 자유 무역을 이야기하는 것으로, 한국과 대만에서 추진되었던 개방형 경제와는 많이 다릅니다. 한국이나 대만의 개방형 경제는 세계 시장에 참여하고, 거기서 거두어들인 성과를 토대로 자국의 경제를 발전시키는 것이었으니까요.

반면에 시장주의자들이 말하는 개방형 경제, 즉 IMF와 세계은행, WTO 등이 권장하고 『이코노미스트』와 같은 시장주의 매체들이 맞장구치며 서로 키워 주는 개방형 경제란, 예컨대 홍콩 같은 경제 시스템입니다. 수입 관세도 정부 보조금도 없이 자국 경제를 활짝 열어 놓고, 최소한의 규칙만 지키면 재화와 자본이 자유롭게 오가게 허용하는 체제죠.

그러나 우리나라는, 예컨대 몇 년 안에 자동차 수출국이 되어야 한다, 그러기 위해 섬유·합판 등의 부문에서 벌어들인 외화로 기계와 기술을 사와 자동차 업체를 세운다, 그렇게 어렵사리 자동차 업체가 세워지면 정부 보조금과 관세 등의 각종 조치를 통해 보호해 줌으로써 덩치를 키워 세계 시장에 내보낸다는 식이었어요. 완전히 다른 이야기인 거죠.

시장주의자들은, 처음에는 잘 알지도 못하면서 한국이 수출을 많이 한다는 이유 하나로 '자유 시장 경제'라고 주장한 겁니다. 이후 진실을 알게 된 뒤로는 자기네 자유 무역론이 깨질까 봐 거짓말을 해 온 거고요. 정직한 사람들이라면 한국이 고도 성장기에 자유 시장 경제와는 거리가 멀었다는 것을 인정해야만 합니다. 그걸 모를 리가 없으니까요. 한국의 경제 성장을 둘러싼 담론들은 이렇듯 객관적 연구에서 나온다기보다는 이데올로기 싸움으로 치닫는 경우가 많은 것 같습니다. 국내에서나 세계적으로나 말입니다.

정승일 『이코노미스트』 유의 시장주의자들은 후진국들도 개방하고 자유화해야 경제 개발에 성공할 수 있다고 주장하지만 사실 말도 안 되는 이야기예요. 남미가 좋은 사례입니다. 개방하고 자유화하다가 수출 주도형 공업화에 실패하게 된 거니까요. 자동차 같은 산업의 경우 남미 국가들 중 자력으로 생산해서 수출할 역량을 갖춘 나라가 한 군데도 없습니다.

장하준 수출은 합니다. 예를 들어 멕시코에서는 요즘 자동차 수출을 많이 하거든요. 그러나 멕시코 내엔 미국 기업이 투자한 조립 공장만 있습니다. 미국 회사 측이 멕시코에 들어가 조립해서 수출하는 거죠.

정승일 중요한 건 수출 여부가 아니라, 그 나라의 국적 기업을 키워 냈느냐는 거죠. 즉 그 기업이 자국의 투자율과 고용, 소득을 높이고 국민 경제를 발전시키는 데 실질적으로 기여하고 있는가의 문제라는 겁니다.

브라질의 경우 폭스바겐, 벤츠, 크라이슬러, GM 같은 다국적 기업들이 들어가 승용차를 조립해 브라질 시장에 팔고, 일부는 수출도 하고 있습니다. 그러나 이런 수출은 다국적 기업의 내부 거래에 불과해요.

그에 비해 한국은 1970~1980년대 내내 개방은커녕 엄격한 수입 규제를 실시했습니다. 그러니 벤츠나 도요타 자동차가 아무리 좋으면 뭐해요. 우리나라에 들여오지를 못하는데…. 이런 식으로 국내 시장을 보호하면서 수출 주도형 공업화를 추진한 것이고, 그 과정에서 국적 기업들을 키워 내는 데 성공한 겁니다. 그리고 이렇게 성장한 국적 기업들이 경쟁력을 얻고 난 이후엔 마음껏 세계로 뻗어나갈 수 있었던 것이고요.

장하준   만약 1950년대의 이승만 식 경제 시스템이 지속되어 미국식으로 개방하고 어쩌고 했다면 우리나라에는 지금 삼성이니 현대니 하는 기업은 없을 겁니다. 기껏해야 다국적 기업의 아시아 지사나 몇 개 있는 정도겠지요. 그리고 지금 같은 경제 수준도 누릴 수 없었을 겁니다.

저는 이른바 개방과 자유화 전략으로 경제 발전에 성공한 나라는 단 하나도 없다고 단언할 수 있습니다. 사실이 이런데도 '박정희처럼 하지 않았어도 성공할 수 있었다.'는 식으로 이야기하면 참 곤란하죠.

물론 반드시 박정희라는 개인이 필요했다는 의미는 아닙니다. 다만 그런 종류의 생각을 하는 사람이 박정희와 유사한 방식으로 경제 개발을 추진하지 않았더라면 지금의 한국은 존재하지 않았을 거라는 거죠.

노동자·농민 수탈을 피할 방법은 없었나?

이종태 　그러나 설사 박정희가 경제 개발에 성공했다는 것을 인정한다고 해도 그것이 노동자·농민에 대한 가혹한 억압과 수탈로 가능했다는 점을 강조하고 싶습니다. 이른바 저임금·저곡가 시스템이라는 것이죠. 이런 부분은 어떻게 평가해야 할까요? 불가피한 것이었을까요?

정승일 　'불가피했다, 아니다' 식의 논쟁보다 우선 저임금과 저곡가라는 용어 자체가 매우 상대적인 개념이라는 사실에 주목해야 한다고 봅니다. 예컨대 저임금이라면 어떤 기준에 비춰 낮은 것인지 설명할 수 있어야 하거든요.

당시 저임금이라는 용어는 한마디로 '노동자들이 엄청나게 많은 일을 하는 데 비해 정당하게 받아야 할 임금을 받지 못하고 있다.'는 내용이었죠. 그런데 이 저임금 문제를 우리 내부에서 느끼는 바에 따라서가 아니라 국제적으로 비교해 보면 고도 성장이 이루어진 30년간 실제로 실질임금이 줄곧 상승했다는 사실을 알게 됩니다. 특히나 1987년의 민주화 투쟁과 노동자 투쟁 이후에는 실질임금이 큰 폭으로 상승했고요.

장하준　한국의 실질임금 상승률은 세계 최고 수준이었습니다. 그리고 역사적으로 보면 노동자·농민을 억압하지 않고 경제를 발전시키는 데 성공한 나라는 불행히도 없습니다.

정승일　그것이 자본주의적 성장의 한계죠.

이종태　그러나 소련 같은 사회주의 국가에서도 경제 개발기에 노동자·농민을 가혹하게 착취하고 억압한 바 있습니다. 특히 농민들에 대해서는 시장을 통해 저곡가로 수탈한 것도 아니고, 지주로 몰아 살해하고 강제 이주를 시키면서 농산물을 강탈했죠. 그리고 이 같은 조치는 주로 도시의 노동자들에게 공급할 식량과 원자재를 마련하기 위한 것이었습니다. 물론 소련은 사회주의가 아니라 '국가자본주의'였다고 주장한다면 딱히 할 말은 없겠습니다만. 어쨌거나 저로서는 다른 무엇보다도 지금까지의 세계사에서 민중에 대한 수탈 없이 경제 개발의 계기를 만든 나라는 아직 없는 것 같다는 사실이 슬프기만 합니다.

장하준　스탈린이 집단농장 정책을 실시하면서 수백만 명의 농민들이 아사했죠.

정승일   스타하노프 운동* 같은 노력 동원 운동도 정신적으로는 노동 영웅을 만들어 냈지만 객관적으로는 착취 아닙니까?

장하준   세계적으로 봐도 지난 30~40년 동안 한국인들의 노동 시간은 세계에서 가장 길었죠. 우리나라 사람들, 그만큼 열심히 일하고 고생도 많이 했습니다. 하지만 임금도 많이 올랐다는 데서 그나마 위안을 얻을 수 있다고 생각합니다. 그렇지 않은 나라도 너무나 많거든요.
그리고 지금 선진국이라고 불리는 미국과 영국은 마치 고상하게 산업화 과정을 거쳤을 것 같은 인상을 주지만, 그 나라들도 한때 우리보다 더한 착취와 저임금의 시기를 거쳤습니다. 안타까운 일이지만 이런 과정을 거치지 않은 산업화란 것이 정말 가능한지 곰곰이 따져 볼 필요도 있습니다.

이종태   그러니까 '박정희 개발 독재를 어떻게 볼 것인가.'의 결론은 대충 이렇게 정리되겠군요.
'박정희라는 인물이 꼭 필요했는지는 모르겠다. 독재의 불가피성에 대해서도 인정하기는 어렵다. 그러나 경제 개발이 필요했던 것만은

* 스탈린 시절 돈바스의 탄광 노동자였던 스타하노프를 본받자는 운동. 그는 하루 책임 작업량인 7톤의 30배가 넘는 227톤을 홀로 채굴했다고 한다. 이런 '사실'이 알려지자 사회주의 건설 과정에서 석탄 생산량의 증산이 절실했던 스탈린 정권은 스타하노프를 따르자는 운동을 전국적으로 전개했다.

분명하다. 그것도 박정희의 경제 개발과 같은 적극적이고 목표 지향적인 방식의 경제 개발이. 그 과정에서의 착취와 저임금 구조는 피할 수만 있다면 피했으면 좋겠지만 역사적으로 볼 때 가능한지 모르겠다.'

이런 이야기를 들을 때마다 생각하게 됩니다. 경제학은 정말 우울한 학문 같다고….

재벌 문제, 과연 해답은 없는가?

1부 3장

이종태   뭐니 뭐니 해도 한국 경제를 둘러싼 논쟁에서 가장 치열한 주제는 재벌일 겁니다. 1970년대 이후 형성된 범민주화 운동 세력에게 재벌은 외세를 등에 업고 독재자들과 야합해서 민중을 착취하는 적으로 간주되었으니까요. 민주화 운동 세력은 재벌을 천민 자본, 매판 자본, 독점 자본 등으로 규정했는데, 거기에는 재벌을 개혁(타도)해야 한국 사회가 민주화될 수 있다는 정치적 함의가 있었습니다. 물론 '재벌 개혁(타도)'의 내용은 재벌 그룹을 해체하는 것에서부터 국유화에 이르기까지 다양했지만 말입니다.

그에 반해 보수·우파를 자처해 온 분들은 재벌과 정치적으로, 경제적으로, 인적으로 다양한 연계를 맺으면서 재벌을 방어해 왔죠. 저는 이분들의, 1960년대 이후 한국의 경제 발전에 재벌이 이바지해 온 몫을 적극적으로 인정하라는 주장에 대해, 그 정치적 동기를 미심쩍어 하긴 하지만 크게 이의를 제기할 생각은 없습니다. 그러나 보수·우파라는 분들이 재벌과 극단적인 시장주의를 함께 옹호하는 것은 정말 이상하게 느껴집니다. 오늘은 재벌 문제를 중심으로 여러 가지 이야기를 나눠 봤으면 하는 것도 바로 그래서입니다.

정승일 재벌과 대기업은 나눠서 논의해야 한다고 생각합니다. 왜냐하면 재벌이란 것은 대기업 그 자체라기보다는 대기업들이 하나의 거대한 집단으로 연결된 체제니까요.

장하준 반재벌 논자 중엔 한국이 1960년대 이후 중소기업을 중심으로 경제 발전 노선을 취해야 했다는 분들이 있습니다. 그러나 제가 보기에 한국은, 경제 발전을 포기했다면 몰라도, 그게 아니라면 대기업 중심으로 나아가야 하는 국가였습니다. 왜냐하면 기술력이 너무 약했거든요.
유럽의 경우 전통적으로 독일, 스위스, 이탈리아 등이 기술력이 강한데, 이런 나라에서는 중소기업이 발전할 수 있습니다. 실제로 중소기업이 강한 국가들이기도 하구요.
그러나 1960년대 한국의 상황에서 중소기업 중심으로 경제 발전 노선을 짰다면 우리는 아마 지금 티셔츠나 수출하는 국가로 남아 있을지 모릅니다. 그러니까 요약해 보자면, 우리처럼 기술력이 없는 상태에서 자본과 기술을 축적해 언젠가 세계 시장에서 고부가가치 제품으로 당당하게 경쟁하겠다고 생각했다면 대기업 중심으로 갈 수밖에 없었다는 거죠.

정승일　중요한 이야기입니다. 독일, 스위스, 이탈리아 북부는 유럽에서 중소기업이 가장 밀집한 지역인데, 거기에는 기계를 제작하는 공장이 많습니다. 정밀기계 같은 것 말입니다. 그런데 이 정도의 기술은 기계공업이 몇 세대 정도 발전하지 않으면 생길 수가 없어요. 1960년대의 한국에 이런 기술이 졸지에 가능했을까요. 따라서 한국이 중소기업 위주로 성장을 했다면 아마 섬유 정도가 주요 산업이었을 겁니다. 이 공장에서 일하는 분들은 단순 기술을 가진 비숙련 노동자였을 거고요.

그러니까 한국은 1960년대 말에서 1970년대 초쯤 이렇게 중소기업으로 계속 가야 할 것인지, 아니면 다른 방식으로 나가야 할 것인지의 기로에 섰던 겁니다. 결국 이 같은 한계를 뚫고 나가기 위해 중화학 공업화를 개시했고, 중화학 공업화를 위해 대기업이 필요했던 거지요.

재벌 체제는 불가피한 선택이었나?

이종태　결국 한국의 경제 발전 노선과 대기업은 상당히 밀접한 관계를 가지고 있다는 이야기군요. 그러나 아까 정 박사님은 대기업과 재벌을 구분하신 바 있습니다. 그렇다면 대기업들이 굳이 재벌이라는 기업 집단으로 결합해서 욕을 얻어먹고 있는 이유는 어디에 있을까요?

장하준   결국 자본 동원의 문제입니다. 자본이 부족한 상황에서 어떤 큰 사업을 진행하려다 보니 독자 기업 하나로는 힘들었던 거죠. 예를 들어 한국 기업이 반도체라는 새로운 산업에 진출하는 상황을 가정해 봅시다. 그 경우 이미 반도체 사업을 하고 있는 세계적 대기업들과 경쟁해야 합니다. 과연 그런 세계적 규모의 경쟁을 당시 우리나라의 어느 특정한 기업이 감당할 수 있었을까요? 아마 어려웠을 겁니다.

그러나 이 기업이 지금 수익을 올리고 있는 다른 산업 부문의 기업들과 긴밀히 연결되어 투자를 받을 수 있다면 사정이 달라집니다. 삼성그룹의 경우라면 제일제당, 제일모직에서 설탕과 양복지 만들어 번 돈을 반도체 산업에 투자해 주는 식으로 말입니다. 그렇다면 그나마 세계 시장에서 움직이는 것이 가능해지는 거죠.

우리의 경우 이런 상황이었기 때문에 다각화*라는 것이 필요했습니다. (개발 경제학 부문에서 세계적으로 저명한) 암스덴(Alice Amsden) MIT 교수 같은 사람은 이를 두고 독자적 기술이 없어서 기술력만으로는 다른 기업과 승부가 불가능할 때 유일하게 가능한 경쟁 방법이라고 할 정도니까 당시로서는 현실적으로 타당한 방법이었던 겁니다.

정승일 국내 일부 지식인들이 격찬하는 대만 경제와 관련지어서 이야기를 하나 할까요? 대만의 경우 중소기업을 중점적으로 육성해서 1980년대에는 컴퓨터 부품, 전자 부품 등 IT 업종과 자동차 부품 산업을 많이 키웠습니다. 그런데 최근 들어 IT 산업이 그렇게 좋은 상황이 아니라고 합니다. 그리고 자동차 부품 산업은 거의 사라진 것으로 알고 있고요.

IT 산업의 경우 성장한 중소기업들이 굳이 대기업들과 거래 관계를 형성할 필요 없이 독자적으로 상품을 생산·판매할 수 있다는 것이 강점이었지요. 때문에 상당히 성공하기도 했고요. 그런데 세계적으로 IT 거품이 꺼지자 커다란 타격을 받게 됩니다. 2000년 이래 IT 거품 붕괴의 직격탄을 맞은 곳이 바로 대만과 싱가포르라고 할 정도로요.

대만의 자동차 부품 산업 역시 상품을 판매할 곳은 주로 동아시아입니다. 그런데 대만 내에는 한국의 현대자동차 같은 완성차 업체가 존재하지 않습니다. 그렇다고 한국 완성차 업체가 일부러 대만의 자동차 부품을 구입할 이유가 없어요. 그동안 국내에서는 현대, 기아 등 대기업과의 긴밀한 연관 관계 속에서 중소 자동차 부품 업체들을 키워 왔으니까요.

반면 우리나라는 조선, 자동차, 전자 등 여러 업종들이 다양하게 있

● 어떤 기업이 자사의 사업과 다른 업종으로 사업 영역을 확장하는 행위. 자동차, 유통, 금융 등 서로 관련성 없는 기업으로 구성된 재벌은 다각화의 대표적 사례라고 볼 수 있다.

기 때문에 경제가 그나마 들쑥날쑥하지 않고 안정되어 있다는 평가가 당시 국제 산업 전문가들로부터 나왔습니다. 이런 상황을 감안한다면 한국이 그동안 중화학 공업화를 추진하면서 대기업과 재벌을 통해 조선, 전자, 자동차 등의 대규모 산업을 키워 온 것이 반드시 잘못된 것은 아니라는 거죠. 그리고 다각화, 그러니까 삼성이 직물 하다가 전자에 투자하고, 현대가 건설 하다가 조선과 자동차에 투자한 것에도 나름대로의 정당성이 있는 겁니다.

물론 중화학 공업화의 정당성을 인정한다고 해도 '반드시 재벌을 통해 조선소를 세우고, 자동차 회사를 만들어야 했는가.' 라는 질문이 나올 수도 있습니다. 물론 다른 방법도 있겠지요. 그러나 중화학 공업화에 필요한 거대 규모의 자본을 감안하면 재벌 외에 유일하게 가능한 방법은 국영 기업밖에 없을 겁니다. 포항제철 같은 방식으로 말이에요.

재벌 평가, 케이스가 아닌 평균 타율로!

이종태   그렇지만 재벌을 비판하는 분들은 이건희 회장 등 총수의 1인 체제 때문에 자의적이거나 비효율적인 투자, 혹은 과잉 투자가 감행된다고 주장합니다. 삼성이 자동차 산업에 진출한 것이 대표적인 사례라는 거죠. 심지어는 이 같은 현상을 정경 유착의 근본적 원인이라고 생각하는 분들도 많은 것 같습니다만….

정승일　　그러나 자본주의 기업에서 1인 총수 체제보다 집단 경영 체제가 더욱 효율적이라는 증거도 없습니다.

장하준　　원래 자본주의 기업이란 것이, 왜 맑스도 이야기한 바 있 잖아요, 시장의 무정부성과 기업 내에서의 독재라고. 기업에서 독재가 이루어지는 것은 이사회를 통해 사장을 갈아 치울 수 있는 미국에서도 마찬가지입니다. 잭 웰치가 회장 시절 GE에서 얼마나 독재적 권력을 휘둘렀는지는 이미 널리 알려져 있을 정도 아닙니까. 물론 한국 재벌 총수의 경우 기업이 파산하지 않는 한 쫓겨나지 않는다는 차이가 있기는 합니다만.

정승일　　그렇습니다. 재벌 총수의 경우 심각한 경영상 오류를 범해도 교체할 수 있는 시스템이 없다는 거죠. 그러나 한국 경제가 정부 주도형으로 움직일 때는 회장을 정부가 갈아 치웠죠. 당시에는 정부에 그럴 만한 힘이 있었으니까요.

장하준　　1인 독재든 집단 경영이든 모든 체제엔 장점과 단점이 함께 있습니다. 이건희 회장의 자동차 산업 진출을 모두가 실패라고 이야기하지만, 이병철의 반도체나 정주영의 조선업 진출 등 성공 사례도 있어요. 비록 1인 독재이기는 했지만 말입니다. 물론 앞으로는 1인 총수 체제가 본격적으로 문제가 될 수 있을 겁니다. 이병철, 정주영 등 카리스마가 넘치는 창업자들은 능력이 워낙 뛰어나니까 독재를 해도 성공할 확률이 높지만, 2세들에게까지 그런 능력을 기대하기는 힘들 수밖에 없으니까요.

정승일   그렇죠. 미국의 록펠러 그룹 같은 경우에도 19세기 말~20세기 초에 1세 경영자가 물러난 이후 2세, 3세들은 경영 일선에서 떠나 재단 관리만 하지 않습니까? 저는 한국도 장기적으로 그렇게 갈 거라고 생각해요. 외환 위기 거치며 망하는 재벌들이 나타나면서 재벌 2세, 3세들도 경영 일선에 잘못 나섰다간 자기 재산까지 모두 날릴 수 있다는 것을 깨달았을 테니까요.

그런데 정경 유착과 관련해서 한마디 하고 싶은데요. 박정희 때의 정경 유착과 이건희 회장이 김영삼이나 노무현 대통령에게 접근하는 것은 상당히 다릅니다. 박정희 체제는 재벌들을 통제했고, 경영에 실패하면 갈아 치울 수도 있었어요. 그 메커니즘이 산업 정책이나 정책 금융으로 나타난 겁니다.

가령 박정희 정권은 현대그룹의 정주영 회장에게 포니 자동차라는 독자 모델의 개발을 강요하고, 지원할 수 있었습니다. 만약 정주영 회장이 이 사업을 순조롭게 추진하지 못하거나, 혹은 정경 유착에 빠져 정치권의 지원만 기대하면서 엉뚱한 경영을 하면 정책 금융을 끊어 버리는 식으로 말입니다. 이게 가능했던 게, 당시 우리나라 기업들은 외국에서 기술과 기계를 도입해야 하는 관계로 많은 달러화가 필요했어요. 그런 상황에서 정부가 지원해 주는 정책 금융을 끊어 버리면 그건 '죽어라' 하는 이야기나 다름없거든요.

그 대표적인 사례가 아시아자동차입니다. 1970년대 초반 정부에서 독자 모델 자동차를 개발하라고 기아, 현대 등 여러 완성차 업체에게 지시했습니다. 그때 아시아자동차가 겉으로는 자동차를 개발한다고 약속해 놓고는 정작 이행하지는 않았어요. 그러자 박정희 정권이 아시아자동차를 강제로 기아자동차와 합쳐 버린 겁니다. 기업가 입장에서는 자기 회사를 뺏긴 거죠. 적대적 M&A를 당한 것과 마찬가지인데, 박정희 정권은 이렇듯 비효율적인 경영자를 교체하는 기업 지배 구조가 나름대로 작동하는 체제였던 것입니다.

<u>이종태</u>　과연 국가 폭력의 시대였군요. 박정희 정권은 노동자들에게만 폭력을 휘두른 것이 아니라 자본가들에게도 무자비한 폭력을 행사한 셈이고요. 그러나 그 폭력이 결국 자본을 통제하는 산업 정책의 한 수단이었고, 결과적으로는 한국 경제를 고도화하는 요인으로 작용했다는 것이 왠지 씁쓸하군요.

<u>장하준</u>　그래서 박정희 체제의 특징을 첫째, 민주주의가 아니었고, 둘째, 자유주의도 아니었다고 하는 겁니다. 박정희가 민주주의자가 아니라는 것은 더 설명할 필요가 없을 겁니다. 또 박정희가 자본을 통제해서 자본가들의 사적 재산권을 침해한 것을 보면 '사적 소유권과 시장을 절대시'하는 자유주의자도 아니었다는 증거가 되는 셈이고요.

그러니까 박정희가 경제 발전에 성공한 이유는 한마디로 말해 '민

주주의가 아니었기 때문'이 아니라 '자유주의가 아니었기 때문'이라고 할 수 있습니다. 반면 제 경우에는 민주주의가 이루어지지만, 동시에 자유주의에 매몰되어 있지 않은 나라를 바람직한 모델이라고 생각합니다. 핀란드의 경험을 연구하고 있는 것도 그래서이고요.

'재벌 개혁'이 곧 '경제 민주화'인가?

이종태   그러나 장하준 박사님께서 말씀하신 자유주의를 선도적으로 도입해 온 것이 바로 재벌들 아닙니까. 1987년의 6·10 항쟁 이후 민주화가 진행되면서 자본에 대한 통제가 해체되어 갔던 것도 사실이고요.

정승일   레이거노믹스˚가 미국에 등장한 것이 1980년대 초반 아닙니까. 레이거노믹스의 바탕인 자유주의는 이때부터 서서히 미국 유학파 학자들에 의해 국내에 유입되기 시작했습니다. IMF나 세계은행이 자유주의적 경제 정책을 채택하라고 우리 정부에 압력을 넣기도 했고요. 그러다 1980년대 말에서 1990년대 초반에 이르는 시기에 자유주의가 우리 정부의 경제 정책에 중심적인 기조로 자리 잡게 되는데, 거기서 이상한 점은 이 같은 자유주의가 몇 년 뒤부터는 한국 민주화 운동 진영 일부와 결합해서 시민 운동으로까지 나타나게 된다는 겁니다.

장하준   그 과정에서 재벌들이 바보 같은 짓을 한 거예요. 시장주의(자유주의)를 들여오면 정부의 간섭에서 벗어날 수 있을 것 같으니까 1990년대 중반 자유기업원 등을 만들어 미국 공화당 극우파들의 극단적 개인주의나 수입하고, 주주 자본주의 이론 들여오고 그랬거든요. 자기 발등을 자기가 찍은 거죠. 자유주의를 수입해서 '정부는 기업에 간섭하지 말라.'고 해 놓고 보니, 그 논리대로 하면 그룹의 전체 주식 중 극소수만 보유했을 뿐인데도 그룹 전체의 주인 노릇을 하고 있는 재벌 가문이야말로 대다수 주주들의 소유권을 침해하고 있는 셈이었거든요. 참여연대가 '그렇다면 당신들이 기업 주인이냐?' 하고 물었을 때 재벌 가문들이 할 말이 없었던 것도 사실 그 때문입니다. 이런 걸 자승자박이라고 하겠죠.

정승일   그러니까 정부의 통제에 대항하여 자본이 자유주의란 걸 내세우며 반란을 일으켰던 겁니다. 결국 장 박사께서 말씀하신 '자본에 대한 통제'가 해체되는 과정은 1980년대 말에 시작되어 김영삼 정부 시절 세계화 정책을 거쳐 1997년 외환 위기 이후 김대중 대통령의 경제 개혁으로 완결되는 셈이죠.

● 미국의 40, 41대 대통령 레이건이 추진한 경제 정책으로 자유 경쟁 시장을 복원해 미국 경제를 부흥시킨다는 기조 하에 시장에 대한 규제 철폐, 대폭적 감세, 공공 부문 민영화, 노동 운동에 대한 강경 대처 등의 정책을 추진했다. 레이거노믹스는 같은 시기의 대처주의와 함께 전형적인 자유주의 경제 정책으로 인식되고 있다.

이종태   그렇다면 우리는 소액주주 운동 등 재벌 개혁 운동을 어떻게 받아들여야 할까요?

정승일   시민 운동 하시는 분들은 재벌 개혁을 경제 민주화의 일환으로 생각하는 것 같습니다. 그러나 제가 보기에 재벌 개혁은 경제 민주화와는 무관하다는 생각이 들어요. 왜냐하면 재벌이 박정희의 개발 독재 하에서 성장하여 발전해 온 것이기는 하지만, 남들이 보기에 무모할 정도로 과감한 투자를 해 나갈 수 있는 것이 재벌 시스템이었거든요. 즉 재벌은 경제 성장을 위한 시스템이었고, 그러한 경제 성장 자체는 경제 민주화와 어긋나는 것은 아니라는 겁니다.

장하준   경제 민주화란 말 자체가 대단히 애매한 용어입니다. 언젠가 TV 토론회에 나갔다가 이정우 대통령자문 정책기획위원회 위원장과 이동걸 금융감독위원회 부위원장이 '기업 민주화'란 용어를 계속 사용하더라고요. 그래서 '기업은 민주주의 원리로 움직이는 조직이 아니다. 기업은 1인 1표가 아니라 1원 1표로 움직이는 조직이므로 거기에 민주주의란 개념을 적용하는 것은 옳지 않다.'고 지적한 적이 있는데, 그 생각은 지금도 마찬가지입니다.

정승일   그렇죠. 지금 시민 운동 단체들은 기업 지배 구조를 민주화한다며 재벌 개혁을 이야기하고 있는데, 그것이야말로 사유재산권을 철저하게 관철시키자는 겁니다.

장하준　아무튼 보통의 평범한 사람들이 가장 덕을 보게 되는 경우는 경제 성장이 잘 되어 일자리가 많이 생기는 것 아닌가요. 성장이 안 되면 가장 큰 피해를 입는 것은 노동자들이니까요. 돈 있는 분들은 사실 이 체제나 저 체제나 큰 차이가 없습니다. 일각에서는 재벌들을 깨면 노동자들이 덕을 볼 거라고 생각하는 듯한데, 사실 그 과정에서 재미 보는 것은 외국인 투자자들과 금융 자본입니다.

솔직히 김대중 정부 이후 재벌 개혁 한다고 해서 노동자들이 어떤 이익을 얻었습니까. 없죠? 성장은 제대로 이뤄지지 않고, 그에 따라 일자리도 안 만들어지고…. 그럴 바에야 차라리 스웨덴 식으로 나가는 게 낫죠. 스웨덴에는 발렌베리 같은 엄청난 재벌이 있습니다. 그런데 스웨덴은 그 재벌을 인정해 주는 대신 세금도 많이 걷고 사회적 책임도 부담시켜 결과적으로는 엄청난 재벌이 없는 영국 같은 나라들보다 훨씬 더 평등하고 부유한 스웨덴 식 사회를 만들었거든요.

경제 민주화는 만병통치약이 아니다!

이종태　정 박사께서는 예전에 쓰신 글에서 재벌 가문의 지배 체제에서 주주들의 지배 체제로 '민주화' 되면서 노동자들이 오히려 피해를 본 사례를 소개하신 적이 있죠. 독일이었던가요?

정승일　그렇죠. 초국적 금융 자본은 재벌과 노동자들을 함께 공격하거든요. 재벌에 대해서는 핵심 역량에 집중하지 않고 사업을 다각화해서 주식 가치를 떨어뜨린다며 압력을 넣습니다. 동시에 노동자들을 위한 기업 복지 때문에 주가가 떨어지므로 복지 제도를 해체하든가 정리 해고를 하라고 경영자를 위협하고요.

이종태   유럽의 경우 오히려 재벌 가문이 그룹을 지배할 때는 노동자들이 경영에 참여할 수 있었죠.

장하준   유럽 식 사회 계약이죠. 족벌 지배를 인정해 주는 대신 노동자의 경영 참여를 허용하고 세금도 많이 내라는 겁니다. 사실 특정 국가에 뿌리박고 있는 자본가의 입장에서는 그렇게라도 타협하지 않으면 일하기가 굉장히 힘들어집니다. 그러나 노동자들의 얼굴도, 이름도 모르는 초국적 금융 자본가들은 그런 타협에 머리를 싸맬 필요가 없어요. 투자한 주식만 돈으로 바꿀 수 있다면, 그 뒤에는 다른 나라에 투자하면 그만이니까요.

반면 이탈리아의 피아트나, 스웨덴의 발렌베리, 한국의 삼성 같은 재벌 가문들은 '투자한 돈만 돌려받으면 우리 나갈게.' 하는 식으로는 못합니다. 때문에 노동자들과 타협해야 할 필요가 있는 거죠. 하지만 투자자가 버진 아일랜드나 모나코 등 세금 피난처에 있는, 주인이 누군지도 모르는 펀드인 경우, 이 초국적 금융 자본들이 무엇 때문에 노동자들과 타협하겠습니까? 나 같아도 안 해요. 웃음

그리고 재벌들이 지금까지 성장하는 데 얼마나 많은 국민들의 피와

땀이 투자됐습니까? 국민의 혈세로 부도 막아 주고, 외제에 비하면 형편없는 국산품을 애국이라는 미명 하에 거의 강제적으로 소비해 가면서 시장을 보호해 줬던 것 아닙니까? 재벌들은 그런 속에서 기술력을 키워 세계적 기업이 된 거고요. 그런 의미에서 보자면 재벌 기업들은 국민의 자산입니다.

이종태   그러나 현재는 재벌들이 국민 경제에 필요한 통제까지 거부할 수 있을 정도로 거대해졌습니다. 한국의 자본은 '잘 나가는데' 국민 경제와 서민들은 어려운 것도 그 때문일지도 모르겠고요. 그런 상황에서 과연 어떤 정책 대안이 있을까요?

장하준   일차적으로는 우리 시민 사회가 과거에 대한 진단에서 심각한 오류를 범하고 있는 것이 문제라고 생각합니다. 외환 위기 이래 발생한 일련의 경제적 문제가 박정희의 경제 개발 노선 때문에 발생한 것이 아닌데도 불구하고, '모든 것이 박정희 때문'이라고 진단해 버린 거죠. 그 결과 박정희 식 경제 정책의 모든 것을 부정하기 시작하면서 역사를 연장선상에서 보기보다는 '과거와의 단절'을 강조하면서 그야말로 흑백 논리에 물들게 되고, 그러다 보니 박정희를 극복하는 방안이 '박정희와 반대로 하는 것'이 되지 않았나 싶습니다. 가령 독재자인 박정희가 시장주의와 거리를 뒀기 때문에 시장주의를 민주주의로 착각하고 고집하고 있는 것이 아닌가 하는 거죠.

정승일   군이 박정희 식의 폭력적인 통제까지 가지는 않는다 하더라도 아직 상당히 많은 정책 대안이 가능합니다. 예를 들어 지금도 계속되는 부동산 투기 열풍 있잖아요. 그 중요한 측면 중 하나가 은행들이 주택 담보 대출을 엄청나게 늘리면서 결과적으로 부동산 투기를 조장하게 되었다는 것인데, 그 경우 은행의 전체 대출 중 주택 담보 대출의 비율을 일정 선 이하로 제한할 수 있는 권한이 한국은행법에 있습니다. 이런 정도의 통제는 정부가 마땅히 해야 하는 것 아닌가요?

장하준   쉬운 일은 아닙니다. 자본 시장을 개방한 상태에서 자본을 통제한다는 것이 참 어려운 일이거든요. 그렇다고 자본 시장 개방이라는 것이 대외적인 약속인 만큼 되돌리기도 힘들고요. 게다가 국내에도 이미 자본 시장 개방 정책과 이익이 일치하는 집단이 굉장히 많이 생겨났습니다. 이분들의 목소리가 상당히 큰 상태이기 때문에 자본에 대한 통제를 용납하지 않을 겁니다. 정부가 조금만 자기네 마음에 안 드는 일을 하면, 신용 등급이 떨어진다느니, 대외 신인도가 훼손된다느니 하는 이야기가 나올 정도니까요.

정승일   지금 우리나라의 가장 큰 문제가 400조 원이 넘는 돈들이 생산적으로 투자되지 못하고 수익처를 찾아 떠돌아다니고 있다는 것인데, 결국은 주식도 안 되고 부동산도 안 되기 때문에 요즘에는 외국으로 빠져나가 버리고 있거든요. 한편에서는 생산적 투자가 안 되고 있는데도 말입니다. 이건 굉장히 역설적인 상황이고, 이 사실 자체가 자본에 대한 통제의 필요성을 보여 준다고 생각해요.

이종태   시간 관계상 이쯤에서 정리를 해야 할 것 같군요. '재벌 문제, 과연 해답은 없는가?'를 주제로 한 오늘의 대화에서 결론은 이렇게 집약되는 것 같습니다.

'재벌 시스템은 기술도, 자원도, 자본도 없는 우리나라 상황에서 산업의 고도화와 세계 시장 진출을 위한 불가피한 선택이었다. 중소기업 위주의 개발 방식은, 대만의 예에서 볼 수 있듯 한계를 노정할 수밖에 없기 때문이다. 문제는 이제 재벌들을 어떻게 국가 경제에 도움이 되도록 견인하느냐는 점인데, 현재의 무조건 백안시하는 태도나 소액주주 운동으로 상징되는 영미식 주주 자본주의의 도입은 그다지 바람직하지 않다. 서로 간에 대립과 갈등만 커질 뿐 국민 경제에는 도움이 되지 않기 때문이다. 그렇다고 이제 와서 자본을 통제한다는 것은 현실적으로 어렵다. 이미 자본 시장 개방이 이뤄진 상태이기 때문이다. 따라서 현재 현실적으로 가능한 방법은 유럽식으로 재벌 시스템을 일정 부분 인정해 주는 대신, 재벌들에게 그에 상응하는 사회적 역할을 끌어내는 대타협을 이루는 것이다.'

대충 이 정도인데, 이게 가능하기 위해서는 상당히 험한 난관을 숱하게 겪어야 할 것 같은 기분이 드는군요.

도대체 무엇을 위한 시장 개혁인가?

1부 4장

이종태   오늘 대화를 본격적으로 진행하기 전에 제가 잠깐 이야기 하나 하겠습니다. 최근 들어 우리 사회에서 새로 생긴 현상 중의 하나가 이른바 우파 시위입니다. 시청이나 광화문 등지에서 태극기와 성조기를 함께 흔들며 '빨갱이 정권 퇴진' '반(反) 김정일' 등을 외치는 건데, 취재를 하러 가 보면 대다수의 참여자가 노인 분들이라는 겁니다.

그와 관련 저의 취재 소감을 말씀드리면, 조금 건방지게 들릴지 모르겠지만, 아련한 슬픔 같은 걸 느꼈습니다. 그 노인 분들의 차림새가 무척 초라했거든요. 얼굴엔 고생하신 세월이 역력했고요. 우리가 흔히 이야기하는 개발 독재 시절의 민중들, 즉 노동자·농민이 그분들 아니겠습니까? 그분들께서는 젊은 시절 저임금과 저곡가 속에서 장시간 노동과 가부장제의 압박에 시달리며 힘겹게 사셨고,

그러는 속에서도 독재의 폭력에 수동적으로 굴복하면서 정치 권력에 대한 어떤 비굴함을 내면화하기도 하셨을 것입니다. 때문에 노무현 대통령이 집권한 이후의 정치적 분위기가 우파 시위에 참석한 노인 분들에게는 자기 인생에 대한 모욕으로 느껴졌을지도 모릅니다. 자신들이 그토록 비루하게 살아왔기 때문에 지금의 한국이 있는 건데, 정작 지금 시점에서 가정에서는 '찬밥'이고 국가적 차원에서도 노인 복지가 제대로 이루어지지 않고 있으니까요.

저는 그 노인 분들이 이른바 수구 세력의 정치 공세에 악용되어 어처구니없는 구호들을 외치고 있지만, 그 구호들은 일종의 비명이고, 그 뒤엔 어떤 진정성이 분명히 있다고 생각합니다. 따라서 우리는 그 진정성을 읽어 내야 하는데, 그걸 읽어 낼 수 있는 주체는 1990년대 이전까지의 한국을 대표했던 수구 세력은 아닐 겁니다. 그보다는 지금 '새로운 주류'로 부상한 개혁 세력, 즉 노무현 정권 및 그 주변의 시민 사회 집단과 이후 '더욱 새로운 주류'로 인정받기 위해 안간힘을 쓰고 있는 진보 세력이어야 할 겁니다.

그런 맥락에서 오늘은 이 개혁 세력과 진보 세력이 과연 '새로운 주류'가 될 만한 자격이 있는 것인지 '사상 검증'을 시도해 볼까 합니다. 물론 이 사상 검증이란 것이 원래 수구 세력의 전유물이긴 하지만, 우리도 한번 감행해 보죠. 다만 그 과정에서 두 분이 전문성을 발휘할 수 있는 경제 담론을 중심으로 정확하게, 건설적으로, 세련미 있게, 시도해 주셨으면 합니다.

장하준   그 주제와 관련해서 우선 지적하고 싶은 개혁 세력의 약점은 '시장에 대한 맹신'입니다. 참여연대 경제개혁센터나 공정거래위원회 등 개혁 세력으로 분류될 수 있는 분들은 '시장 원리'를 맹신하고 이를 기준으로 모든 것을 재단하는 경향이 보이는데, 그러나 현실 속에는 엄연히 '시장 실패'*라는 것이 존재합니다.

특히 시장 실패가 많은 부문이 금융 시장입니다. 한 가지 사례를 들자면, 예전에 우리나라에서 포항제철을 건설할 때 자금을 마련하기가 하늘의 별 따기였어요. 국내외에서 모두 미쳤다고 할 정도였으니까요. 웃음

현대조선소를 지을 때도 그랬습니다. 만일 개혁 세력들이 믿고 있는 것처럼 금융 시장이 제대로 작동하는 시장이라면 포항제철이나 현대조선 만들 때 너도나도 돈을 빌려 주겠다고 나섰어야 했습니다. 왜냐하면 이 기업들이 무(無)에서 시작해서 10년 후엔 세계적인 기업이 됐고, 따라서 여기에 대출했으면 엄청난 수익을 올렸을 테니까요.

그런데 당시 금융 시장 시스템 안에서는 자율적으로 돈을 빌려 주

---

* 한국의 시장(개혁)주의자들에게 절대적 영향력을 행사하고 있는 신고전학파 경제학에서 시장은 가격 변동을 통해 기업, 가계 등 각 경제 주체들을 완벽하게 만족시킬 수 있는 신과 같은 기구이다. 예컨대 정부가 인위적인 개입만 하지 않는다면 시장은 기업이 이윤을 최대화할 수 있는 산업 부문에 적정한 투자를 하게 하고, 소비자들은 자신의 효용을 최대화하는 상품을 구입할 수 있도록 조절 기능을 발휘한다는 것이다. 이 같은 시장의 조절 기능이 제대로 작동하지 않는 경우를 '시장 실패'라고 부른다.

려는 사람들이 없었어요. 그래서 정부가 나서야 했던 거죠.˚ 따지고 보면 유치산업(幼稚産業) 보호론˚˚이나 정부가 기업의 R&D(연구개발)를 지원해야 한다는 이론 등이 있는 것도 모두 이런 시장 실패가 존재하기 때문 아닙니까?

신자유주의 혹은 주주 자본주의 시스템에서 저투자 현상이 발생하는 것도 어떻게 보면 시장이 너무 잘 작동하기 때문이라고 할 수 있습니다. 자신이 투자한 기업에 조금이라도 문제가 생길 기미가 보인다면 바로 그 돈을 빼낼 수 있는 시스템이 바로 신자유주의 혹은 주주 자본주의 시스템이니까요.

이렇게 돈이 자유롭게 움직일 수 있다는 것˚˚˚은 금융 시장이 잘 돌아간다는 의미로 좋은 이야기 같지만, 사회적으로는 반드시 좋은 현상이라고 할 수 없습니다. 사회적으로 필요하고 또 앞으로 유망한 기업이라 해도 어려운 시기는 있는 법인데, 어려운 시기 때마다 재원이 들락날락한다면 안정적인 경영을 기대하기가 어려울 테니까요. 그러니까 시장에 좋은 일이 사회적으로는 나쁜 일일 수 있는 겁니다. 그런데 소위 개혁파 지식인들은 시장 근본주의에 물들어서 '시장은 무조건 좋은 것'이라는 인식을 가지고 있는 것 같습니다. 소버린 같은 투기 자본이 SK 그룹의 경영권을 위협하는 사태가 발생해도 '외국 자본이 가하는 압박은 시장의 압박이다. 부정적인 현상이 아니다.'라는 식으로 이야기할 수 있는 것도 그래서가 아닐까요?

정승일 저는 이른바 '한국 경제의 외형적 성장론'에 대해 비판하고자 합니다. 개혁 세력의 지식인들은 1997년 이전까지 한국 경제가 성장한 것은 사실이지만, 그것은 '내실 있는 성장'이 아니라 '외형적인 성장'에 불과하다고 주장합니다. 한국의 경제 성장이라는

• 신고전학파 이론에서 시장의 가장 중요한 기능은 자원을 적절히 배분하는 것이다. 그리고 이 같은 이론이 옳다면 돈이라는 자원 역시 이후 가장 큰 이윤을 올릴 수 있는 산업 부문에 투자되어야 한다. 장하준 박사는 지금 '포항제철과 현대조선 건설'이라는 한국의 경제사적 경험 속에서 '돈이라는 자원을 배분하는 시장', 즉 금융 시장이 제대로 작동하지 않았다는 점을 지적하고 있다.

•• 공업화가 뒤떨어진 후진국의 경우 경제 개발 단계에서는 국내 시장의 보호를 통해 자국의 유치산업을 육성하는 것이 바람직하다는 이론.

••• 오늘날의 신자유주의는 금융 세계화를 배경으로 하고 있는데, 여기서는 '자본의 자유로운 이동'이 극단적으로 추구된다. 그 결과 돈이 이 산업에서 저 산업으로, 이 나라에서 저 나라로 신속하고 자유롭게 움직일 수 있게 되었고, 그에 따라 금융 자산가 계급, 즉 금리 생활자들(rentiers)의 이익이 가장 잘 보장된다. 따라서 이 체제 아래에서는 국제적 금융 자산가 계급, 특히 선진국의 금융 자산가 계급이 가장 큰 이익을 보게 되어 있다.
외환 위기 이후의 IMF와 김대중 정부의 시장 개혁 과정에서 한국의 자본 시장은 완전히 대외적으로 개방되었고 재벌 개혁과 금융 개혁, 노동 개혁, 공기업 민영화 등이 추진되었다. 그 결과 이제 한국에도 재벌, 즉 산업 자본을 대체하여 금융 자산가 계급의 경제 지배가 본격화되고 있는데, 주주 자본주의가 그러한 현상의 일부라 할 수 있다. 변호사, 회계사 등 금융 자산가 계급을 지원하는 직업군의 지배 계층화 역시 금융 자산가 자본주의 현상의 일환이다.
한편 19세기 말 이래 식민지 지배를 통해 수탈한 전 세계의 부를 금융적 방식으로 취득했던 영국의 금리 생활자 혹은 금융 자산가 계급이 유지하고자 했던 자유주의 국제 체제는 1929년 대공황의 원인이 되어 무너졌다. 그와 관련 케인즈는 자유주의 경제학과 경제 정책, 그리고 그 배경으로서의 금융 자산가 자본주의를 통렬하게 비판한 바 있다. 또 레닌 역시 제1차 세계 대전을 일으킨 자유주의적 제국주의와 그 토대인 금융 자산가 계급의 전일적 지배에서 '자본주의의 마지막 단계'를 보았다.

것이 외국에서 설비재 등을 수입하는 식으로 투자를 마구 늘리고, 투자가 늘어난 만큼 고용도 늘어나는 식으로 몸집만 키우는 과정이 아니었냐는 거죠. 그걸 요소 투입형 성장이라고도 하는데, 한국은 그런 식의 성장을 거듭했기 때문에 이른바 내실 있는 성장의 원천인 기술 발전 혹은 기술 혁신이 이루어지지 않았고, 그 결과 1997년 외환 위기를 맞게 되었다는 겁니다.

그런데 이렇게 외형적 성장을 비판하면서 내실 있는 성장을 주장하는 분들은 시설 투자와 고용을 예전보다 줄여야 한다는 전제를 은연중 깔고 있는 셈이 됩니다. 이분들의 시각에서는 시설 투자가 줄고 고용이 주는 것이야말로 경제가 효율화되는 것이거든요. 따라서 내실 있는 성장론의 관점에서 보자면, 투자와 고용이 줄어드는 현재의 경제 상황에는 사실 아무런 문제가 없습니다. 정상적으로 잘되어 가고 있는 거죠.

'내실 있는 성장'이라는 개혁론의 허구

이종태   정 박사님께서는 자신이 얼마나 충격적인 말씀을 하신 건지 알고 계신가요? 제가 한번 정리를 해 보겠습니다. 정 박사님 말씀은 개혁 세력이 대안으로 내세우고 있는 내실 있는 성장이 본질적으로 저투자, 저고용에 따른 저성장 시스템을 지향한다는 것이 됩니다. 그리고 이 같은 저투자, 저고용 현상이 개혁 세력들에겐 한국 경제 효율화의 증거로 간주될 수도 있다는 말씀이고요.
그렇다면 김대중-노무현 대통령의 경제 개혁은 성공한 것으로 봐야겠습니다. 저투자, 저고용 현상은 외환 위기 이후 한국 정부가 추진해 온 신자유주의적 개혁의 목적 그 자체라는 것이 정 박사님 말씀이니까요. 그리고 현재 우리나라의 상황은 한마디로 경제 개혁이 실패한 것이 아니라 지나치게 성공한 결과라고 할 수 있겠네요.

정승일   시장 개혁 세력은 1997년의 외환 위기를 과잉 투자 위기, 과잉 생산 설비 위기라고 지칭하며 지난 30년간의 과잉 투자형 성장, 즉 요소 투입형 성장이 마침내 한계에 달해 폭발한 것이라고 말합니다.
그리고 이후 올바른 시장 개혁의 결과 이제는 과거의 요소 투입형에서 요소 생산성 증가형 성장으로 바뀌었다는 것, 즉 자본과 노동 등 생산요소들의 투입을 자제하고 대신 기존에 투입된 것들이 최대한의 생산성을 발휘하게끔 하고 있다*는 것이 이른바 개혁 세력이 말하는 내실 있는 성장의 핵심이고요.
하지만 이런 점을 한번 따져 봅시다. 예컨대 100만 원짜리 기계 설비를 투입해서 200만 원의 매출을 내는 국민 경제가 있다고 해요. 거기에 100만 원짜리 기계 설비를 추가 투입하더라도 매출은 2배인

* 투입된 자본(생산 설비)의 양과 산출량의 비율. 산출량에 비해 자본량이 적을수록 자본 생산성이 높은 것으로 간주된다.

400만 원으로 늘어나지 않고 300만 원밖에 안 되는 경우가 있을 수 있습니다. 그 경우 일감이 줄어 공장 가동률은 떨어지게 되고, 그 결과 설비와 종업원들이 노는 일이 발생하게 됩니다. 물론 국민 경제는 적절한 영업 이익도 달성할 수 없게 되겠지요.

경제학에서는 이런 경우 설비 가동률 하락과 영업 이익률 하락, 종업원의 노동 강도 완화 등을 요소 생산성 하락으로 표현합니다. 결국 요소 투입은 늘었지만 요소 생산성은 하락했다고 말하게 되는 거지요.

하지만 만약 이 경제가 마케팅을 잘하거나 환율 하락 등의 요인 덕택에 해외 수출 등으로 판매량을 크게 늘리는 데 성공했다고 합시다. 그렇게 되면 공장 가동률은 높아지고 종업원들의 노동 강도도 강화되겠지요. 그리고 그 경우 동일한 요소 투입량(자본과 노동 투입)으로도 훨씬 많은 산출량을 달성하므로 생산성, 즉 요소 생산성은 높아지게 됩니다.

결국 요소 생산성을 높이는 방법은 기존 설비와 기존 노동력을 최대한 이용해서 설비 가동률과 노동 강도를 높이는 것이라 할 수 있습니다. 신규 설비 투자와 신규 노동력 채용은 줄이면서요. 물론 그 과정에서 기존의 정규직을 비정규직으로 전환시키는 방식으로도 요소 투입(여기서는 노동)을 줄이는 것도 한 방법이 될 수 있겠지요.

사정이 이렇기 때문에 개혁 세력이 말하는 내실 있는 성장 혹은 요소 생산성 위주 성장에서는 활발한 신규 투자를 통한 경제 성장이 일어나지 않습니다. 되도록이면 기존 요소들의 이용(즉 기존 설비와 기존 노동력의 이용)이나 혹은 기존 요소들의 저렴한 요소들로의 대체(원자재가 인하, 납품 단가 인하, 노동 단가 인하)를 통한 성장이 더 바람직하게 되니까요.

지금 비판 받고 있는 과거의 경제 성장 방식은, 당장은 과감한 설비 투자 등 신규 투자에 비례하는 만큼 수출과 매출이 늘어나지 않아 요소 생산성이 하락하는 것을 감수하면서도 장기적으로는 수출과 매출이 증대될 것을 기대하는 것이었고, 실제로 거기에 성공하였던 까닭에 결국 요소 생산성 역시 상승하는 방식이었습니다.

거기에 비해 지금 개혁 세력이 주장하는 요소 투입 지양과 요소 생산성 위주 성장이라는 것은 아예 처음부터 과감한 설비 투자 등 장기적 투자를 '그렇게 하면 요소 생산성이 떨어진다.'는 이유로 반대하는 방식입니다. 과거의 시스템이 장기적 수익 달성과 장기적 요소 생산성 달성을 겨냥하되, 단기적으로는 수익성과 요소 생산성 하락을 감수하면서도 과감하게 투자하는 체제였다고 한다면, 현재의 시스템은 단기 수익과 단기적 요소 생산성 달성만을 겨냥하며 저투자와 저성장을 지향하는 체제인 셈이지요.

현재의 저투자와 저성장은 따라서 시장 개혁이 목표 달성에 실패해서가 아니라 시장 개혁이 그 목적을 달성했기 때문에 발생한 결과라고 할 수 있습니다.

실제로 우리나라 기업들의 수익성과 설비 가동률(자본 생산성), 노동 강도(노동 생산성) 등은 외환 위기로 말미암은 구조 조정 이후 매우 높아진 것 같습니다. 아마도 1960년대 공업화에 착수한 이후 사상 최대일 것입니다. 개혁 세력들이 원하던 대로 된 거죠. 그러나 거기에 반비례해 우리 국민 경제는 그만큼 커다란 구조적 위기를 맞고 있습니다.

개혁 세력이 내실이라고 말하는 요소 생산성은 높아졌지만, 요소 투입, 즉 외형은 커지지 않고 있거든요. 국민소득 1만 3000 달러 수준에 불과한 우리 경제가 국민소득 3만, 4만 달러로 커지기 위해서는 아직도 몸집, 즉 외형이 커져야 하는데 이게 청소년 정도에서 성장이 멈춰 버리고 있는 것이나 마찬가지입니다.

'혁신 주도형' 경제는 존재하지 않는다!

장하준 사실 그 외형적 성장론은 미국의 스타 경제학자인 크루그먼(Paul Krugman)이 한 이야기를 그대로 옮기고 있는 겁니다.

정승일 크루그먼이 1994년 동유럽 사회주의 경제가 망한 이유를 '기술 발전 없이 생산요소의 투입만 늘렸기 때문'이라고 했죠. 단순히 시설비와 인건비에 들어가는 돈의 규모만 키우면서 수십 년을 보냈다는 겁니다.

그리고 '동아시아의 국가 주도형 성장'도 그와 마찬가지로 기술 투자는 하지 않고 그냥 설비재나 수입해 물량 생산만 늘려오는 식이었으니 동유럽처럼 망할 거다 하는 이야기였어요. 그런데 문제는 크루그먼이 그렇게 말한 지 3년 만에 동아시아 지역에 경제 위기가 일어난 거예요. 그러자 경제학자들과 언론들이 열광하면서 '와! 크루그먼이 옳았다.' 한 거고요. 웃음

장하준   기본적으로 문제가 있는 시각이죠. 뭔가 하면 신고전학파 성장 이론에 따르면 시설 투자(자본 축적)와 기술 투자(기술 발전)가 분리되거든요. 쉽게 말하자면 아무리 설비재에 투자해 봤자 기술은 발전하지 않는다는 겁니다.

그러나 실제로는 전혀 그렇지 않아요. 왜냐하면 비록 수입 설비재라 할지라도, 그것엔 기술이 체화되어 있기 때문이죠. 기술 투자는 실물 투자와 함께 이루어지는 겁니다. 그런 사례를 하나만 들어볼까요. 포항제철이 국제적 경쟁력을 갖출 수 있었던 이유 중의 하나가 바로 신일본제철이 개발한 용광로 기술입니다. 신일본제철은 그 기술을 개발만 해 놓고 사용하지는 않았어요. 그런데 포항제철은 그 기술을 구입해 와서 체화했기 때문에 세계적인 기업이 될 수 있었던 겁니다.

이렇게 시설 투자와 기술 발전은 밀접히 연관되어 있는 겁니다. 그런데 개혁 세력들은 이런 실증적 사실들을 무시하고 크루그먼의 궤변만 맹목적으로 받아들이다 보니 저투자 현상을 바람직한 것으로까지 간주하게 된 거죠.

그리고 그와 관련 또 하나 강조하고 싶은 게 있는데, 크루그먼의 이야기는 세계 학계에서 소수 의견에 불과하다는 점입니다. 동아시아

의 경우 오히려 기술 발전(생산성 향상)의 성장 기여도가 높았다는 것이 일반론이거든요.

그리고 크루그먼이 이런 주장의 근거로 든 개념이 바로 총요소 생산성인데, 재미있는 것은 총요소 생산성은 이집트나 콩고가 한국보다 높아요. 웃음

정승일   한국보다 이집트나 콩고 경제의 총요소 생산성이 더 높다는 점과 관련하여 더 재미있는 것은 KDI(한국개발연구원)만이 아니라 노무현 대통령까지 나서서 '성공적인 시장 개혁의 결과 이제는 요소 투입형에서 총요소 생산성 증대형으로 경제 구조가 바뀌었다.'고 자화자찬하고 있다는 거예요. 사실은 이제 정말로 한국 경제가 아프리카형의 저투자, 저성장 체제로 바뀌고 있는데도 말입니다. 그리고 그보다도 더 재미있는 것은 '총요소 생산성 증대의 원인은 기술 혁신 덕택이고' 그리고 또한 '1998년 이후 한국 경제에서 총요소 생산성이 급격히 증대한 원인은 기술 혁신의 급격한 증대 덕택'이라고 말하면서 결과적으로 '성공적인 경제 구조 재편의 결과 한국 경제는 1998년 이후부터는 혁신 주도형 경제로 이행하였다.'는 주장이 KDI와 한국금융연구원 등의 연구 기관뿐만이 아니라 열린우리당과 청와대 등의 경제 정책 설명에서 친절하게 소개되어 있다는 점입니다.

이들은 이러한 혁신 주도형 경제로의 이행에 대한 경제학적 논거를 루카스(Lucas)와 로머(Romer) 등 기술 혁신을 강조하는 신성장 이

론 혹은 내생적 성장 이론과 연결시키는데, 총요소 생산성은 급격한 환율 상승으로 말미암은 수출 증대와 공장 가동률 증대에 의해서도 높아질 수 있습니다.

좀 더 구체적으로 말해 우리 경제의 총요소 생산성이 1998년 이후 급격히 높아진 까닭은, 당시 외환 위기 상황에서 급락한 원화 가치 덕분에 수출이 크게 늘었고, 그 결과 수출 산업들의 공장 가동률이 높아진 영향이 크다는 거죠. 그리고 비정규직 채용 증대와 생산 현장 및 사무 현장에서의 대규모 구조 조정을 통한 업무 강도 강화의 영향도 적지 않습니다. 한마디로 1998년 이후의 총요소 생산성 증대가 주로 기술 혁신 증대 덕택에 일어났다고 주장하면서 신성장 이론을 입에 담는 것은 터무니없는 논리 비약이라는 것이지요.

실제로 1998년 이후 우리나라 기업과 산업들이 갑자기 비약적으로 기술 혁신 노력을 증대했다는 사례는 찾아보기 힘듭니다. 삼성전자 정도만이 유일하게 R&D(연구개발) 투자를 급격히 늘리고 있을 뿐이고, 엘지전자나 현대자동차는 그저 꾸준하게 늘리고 있을 뿐이며, 대우자동차를 비롯한 대부분의 구조 조정 기업들과 KT(한국통신) 등 민영화된 공기업들은 R&D 투자를 오히려 줄이고 있으니까요. 물론 벤처 기업들이 1999년 이후 많이 양산되었다고는 하지만 중소·벤처 기업들이 한국 경제의 R&D와 기술 혁신에서 차지하는 몫은 많이 잡아야 20%에 불과합니다. 대기업과 중견 기업들에서의 R&D 투자 노력 후퇴를 보완하기에는 역부족이라는 거죠.

다시 말해 삼성전자, 엘지전자, 현대자동차 정도만이 혁신을 주도하고 있을 뿐, 나머지는 오히려 R&D 투자를 포함한 모든 과감한 미래 지향적 투자를 주저하면서 보수적 경영 전략으로 일관하고 있습니다. 그런데 삼성전자, 엘지전자, 현대자동차 등 오늘날 기술 혁신을 주도하는 기업들은 모두 이른바 '재벌 개혁'을 가장 덜 겪은 기업들, 여전히 공정거래위원회와 참여연대 등의 공격 목표로 되고 있는 기업들이라고 할 수 있어요.

그럼에도 강철규 공정거래위원장 같은 분은 '이제는 요소 투입형 성장이 아니라 혁신형 성장을 해야 한다.'고 주장하는데, 마치 1997년 이전의 한국 경제에서는 기술 혁신이 없었다고 보는 것 같습니다. 말도 안 되는 주장이죠.

실제로는 1997년 이전에도 한국 경제에서는 엄청난 기술 혁신이 전개되어 왔습니다. 다만 선진국에서처럼 기초과학이 발전하면서 그에 따라 발명과 발견이 이루어진 게 아니라, 외국에서 설비와 (그에 체화된) 기술을 수입해 학습하면서 기술 혁신과 내실 있는 성장을 해 왔다는 점이 다를 뿐입니다. 하지만 이건 자본주의 후발국으로 불가피한 일 아닌가요?

한국에서는 1980년대 중반에 거의 모든 대기업에서 R&D 조직이 설립됩니다. 물론 정부가 특별 세제를 통해 지원도 했죠. 그러나 대기업들도 R&D 조직을 형식적으로만 유지한 것이 아니라 실질적으로 투자를 감행했습니다.

그래서 현대자동차가 세계에서 여섯 번째로 독자 엔진을 만들 수 있었던 것이고, 삼성은 반도체를 개발할 수 있었던 것 아닙니까?

이런 성과들이 모두 R&D와 기술 혁신의 결과인데 내실 있는 성장이 아니었다니요! 내실 있는 성장을 해 왔기 때문에 삼성도 있고 현대도 있는 겁니다!

마지막으로 한마디만 더 부연하자면, 개혁주의자들이 악담을 퍼붓는 외형적 성장이란 게 도대체 뭡니까. 시설 투자를 했다는 것 아닙니까. 시설 투자를 많이 하다 보니 고용도 많이 했다는 거고…. 그리고 최근의 한국 경제에서 분배와 성장의 선순환이 끊어진 이유는 또 뭡니까. 시설 투자를 안 하기 때문 아닙니까? 그렇기 때문에 고용도 창출되지 않는 거고요.

말하자면 내실 있는 성장을 하고 있기 때문에 고용 창출이 안 되는 겁니다. 그렇다고 기술 혁신이 이루어지고 있는 것도 아닙니다. 총투자가 정체 상태인데 어떻게 기술이 혁신됩니까? 실제 통계를 보더라도 1998년 김대중 전 대통령의 경제 개혁 이후 한국의 R&D 투자가 대폭 늘어났다는 증거는 없습니다.

자주적 · 자립적 경제 발전이 가능한가?

장하준   제가 크루그먼을 별로 좋아하지는 않습니다만, 그 사람이 바보는 아닙니다. 1997년에 동아시아 위기가 터지고 사람들이 열광하니까 크루그먼이 그랬어요. '나는 동아시아가 동유럽처럼 서서히 어려워질 거라고 말한 거지 갑자기 망한다고 한 적은 없다.'라고요.

웃음 그럼에도 우리나라 개혁주의자들은 그 후 계속 크루그먼의 논리를 자기주장의 근거로 써 먹지 않았습니까? 과거 모델을 맹목적으로 비난하다가 비상식적인 논리에 빠져든 경우죠. 지난번 토론 때 말씀드린 것처럼 아직도 우리나라가 외국에서 설비재와 기술을 들여와 조립 가공 산업이나 한다고 믿는 분들이 있는데, 정말 심각한 증상입니다. 세계에서 소득 대비 R&D 투자가 5~6위를 다투고, 미국 특허국에 가서 통계를 뽑아 보면 특허량 역시 세계 5~6위 수준인 나라가 한국입니다. 이런 나라를 두고 '지금까지 다른 나라 설비 들여와서 발전하면서 기술 혁신은 추진하지 못했다.'고 하면 그게 말이 되나요?

정승일 우리는 기술이란 것을 세계 시장과 연관시켜 생각해야 합니다. 1970~1980년대의 한국에도 나름대로의 기술은 있었겠지요. 예컨대 1980년대 한국의 기술 수준으로 미국이 1930년대에 만들던 비행기 정도는 제작할 수 있었을 겁니다. 그런데 안 만들었어요. 상업성이 없거든요. 1980년대의 세계 시장에 1930년대 비행기를 만들어 내놓으면 웃음거리밖에 더 되겠어요. 그렇듯 기술이란 것은 상업성과 결합될 때만 진정한 기술이 되는 겁니다.

경제 개발 단계에서 한국이 보유하고 있던 기술은 상업화가 불가능한 기술이었고, 상업화된 기술은 여전히 선진국에 있었어요. 선진국으로부터 기술을 배워야 했던 겁니다. 개혁·진보 세력들은 이를 두고 '외국에서 기술을 도입해야 하는 종속된 나라였다.'고 말하는

데, 글쎄요, 오히려 한국은 로열티까지 지급하며 상업화가 가능한 기술들을 배워 체화했고 그 결과 세계 시장에서 하나의 플레이어로서의 자격을 얻었다고 말해야 하지 않을까요?

비행기를 예로 든다면, 그 덕분에 최근 들어 상업화된 비행기를 만들려는 노력이 가시화되는 정도까지 올 수 있었던 것 아닙니까? 만약 우리나라가 외국에서 기술을 도입하는 것이 아니라 당시의 우리 기술을 자주적이고 점진적으로 발전시키는 방식으로 경제 개발을 추진했다면 어떻게 됐을까요? 과연 내실 있는 성장이 가능했을까요?

장하준   북한은 그렇게 했죠.

정승일   그렇죠. 북한은 그렇게 했죠. 그런데 몇 십 년이 지나도 세계 시장에 내놓을 수 있는 제품을 만들어 내지는 못하더란 말입니다. 따라서 한국 같은 후발 자본주의 국가는 선진국에서 배워 올 수밖에 없었고, 그 과정 자체가 기술 학습이며 기술 혁신이라는 것이 제 주장입니다. 그런 맥락에서 보면 한국은 내실 있는 성장을 해 온 거예요.

장하준   정 박사님께서 말씀하신 기술 학습에 대해 '외국에서 들여온 기술이기 때문에 진정한 발전이 아니다.'라고 비판하는 분들이 계신데요, 그건 옛날에 종속 이론에서 이미 써 먹은 방법입니다. 하지만 세상의 어느 나라가 경제 발전 단계에서 독자 기술을 개발할 수 있겠습니까? 독일도 경제 발전 단계에서는 영국 기술을 수입했고, 미국은 영국과 독일의 기술을 수입했어요.

신고전학파와 종속 이론의 희한한 동거

이종태   두 분의 말씀은 결국 한국이 내실 있는 성장을 해 왔다는 것이군요. 그런데 개혁 세력 내의 시장주의자들은 이를 부인하면서 이후 한국이 내실 있는 성장을 하려면 혁신이 필요하다고 주장하고 있는 거고요. 그렇다면, 그러니까 두 분 말씀대로 한국 경제가 그동안 기술 혁신을 해 왔다면, 시장주의자들이 말하는 혁신은 도대체 무엇을 어떻게 하자는 걸까요?

장하준   그분들은 한국의 과거 경제 성장이 외생적 성장 혹은 요소 투입형 성장에 불과하다고 주장해 왔습니다. 결국 앞으로는 외생적·요소 투입형 성장은 하지 않겠다는 말이 되고, 이는 다시 설비 투자 증가와 그에 따른 고용 증가에 기초한 경제 발전은 포기한다는 의미가 되죠.
한마디로 표현하면, 좀 거칠기는 하지만 '이제 혁신 시대니까 투자 안 해도 된다.'는 뜻입니다. 그런 식으로 투자 부진을 정당화하는 거죠.

정승일　우리나라 경제가 조립 가공형 수준밖에 안 된다고 잔뜩 믿고 있으니 기술 혁신만 하면 된다는 것 아닙니까. 시설 투자는 하지 않아도 되고, 그래서 고용 창출은 하지 않는 것이 보다 효율적인 것이 되고. 정말이지 노동 시장만 유연화하면 만사가 잘 풀릴 것처럼 이야기들을 하고 있는데, 참⋯.

장하준　그렇죠. 하지만 진정한 기술 혁신 체제로 가려면 노동 시장 유연화를 이런 식으로 하면 안 되죠. 제일 좋은 사례가 스웨덴과 일본입니다.

두 나라는 세계에서 산업 로봇을 가장 많이 쓰는 국가입니다. 그렇게 된 데에는 이유가 있어요. 노동자들에게 고용 보장을 해 주거든요. 물론 방법은 틀리죠. 스웨덴은 국가 차원에서, 일본은 기업 차원에서 고용을 보장하는 겁니다. 노동자들이 설사 불가피하게 해고된다 하더라도 재교육을 통해 비교적 쉽게 새로운 일자리를 찾을 수 있게끔 만들어 주는 식으로요. 그러니까 기술 혁신에 대한 노동자들의 저항이 약한 겁니다. 그리고 그 결과 일본, 스웨덴 두 나라는 자동화에 성공할 수 있었던 거고요.

이와 대조적인 국가가 바로 영국입니다. 노조가 강하던 1970년대 영국 자본가들은 신기술을 도입하려고 하면 노동자들과 전쟁을 치러야 했어요. 『타임즈』같은 언론사도 컴퓨터 조판 시스템을 도입할 때 인쇄공 노조와 엄청나게 싸웠습니다. 그런데 노조 입장에서는 그럴 수밖에 없는 것이 신기술이 도입되면 해고될 수밖에 없거든요. 한마디로 인생 종치게 되는 거죠. 그러나 스웨덴이나 일본 노동자들은 신기술이 들어와도 인생 종치게 되는 것이 아니니까 그것을 허용하고, 오히려 빨리 적응하려고 하다 보니 기술 수준도 발전하게 되는 거예요.

반면에 우리나라처럼 노동 시장을 유연화하면 기업 입장에서도 노동자들에게 기술 관련 투자를 할 인센티브가 없습니다. 걸핏하면 자르다 보니 장기적 투자를 계획하는 데도 차질을 빚을 수밖에 없고요. 노동자 입장에서도 언제 해고될지 모르는데 '힘들여 새로운 기술을 배울 필요가 있느냐.'는 식의 태도가 불가피한 것 아닙니까?

정승일   노동 혁신 혹은 노동 절약형 기계가 도입되는 가장 큰 이유는 사실 임금 때문이죠. 새로 기계를 도입할 때 드는 비용이 그로 말미암아 절약할 수 있는 노무 비용보다 적을 때 노동 절약형 기계를 들여올 경제적 이유가 생기는 겁니다. 결국 기업 입장에서는 임금이 높아질수록 자동화 기계를 신속하게 도입해야 하는 인센티브가 발생하는 거죠. 그런데 요즘 한국처럼 인건비 비중이 낮아지게 되면 기업으로서는 기술 혁신을 감행할 필요가 없는 겁니다. 자동화할 필요도 없고요. 거꾸로 되는 거죠.

이종태   이쯤에서 화제를 약간 돌려야겠습니다. 글쎄요, 한국 경제가 기술 부문에서도 상당히 발전해 왔다는 것은 저 같은 비전문가도 어렴풋이나마 느껴 왔던 것 같습니다. 그 점에서 저는 오히려 크루그먼 유의 주장이나 외형적 성장론이 폭넓은 공감대를 얻을 수 있었던 이유가 궁금하군요.

장하준   결국 박정희 식 경제 개발에 대한 비판이니까요. 박정희를 비판하는 내용이라면 일단 무비판적으로 수용해 버리는 심리적 기제가 우리 사회에 존재하는 것 같습니다. 물론 박정희라면 무조건 찬양하는 분들도 문제입니다만.
그리고 개혁 세력들은 신자유주의적 우파로 시장 근본주의적인 성향을 가지고 있기 때문에 그런 입장을 쉽게 받아들이는 것으로 보입니다. 진보 좌파를 자처하는 분들 중에서는 신고전학파적 시장주의의 입장에서 이 문제를 해석하는 경우가 많은 것 같고요. 가령 여전히 종속 이론적 시각에서 한국의 경제 발전을 해석하는 분들이죠.
그런데 신고전학파와 종속 이론은 용어만 다르지 이론적 시각은 똑같습니다. 두 이론 모두 '정상적인 시장'을 가정하고 '시장 왜곡'을 비판하는 식입니다. 종속 이론의 경우 종속 때문에 국내 시장이 왜곡됐다고 주장한다는 차이는 있지만 말입니다.

정승일   두 이론 모두 시장을 왜곡해서 '잘못 됐다' 는 거죠. '잘 됐다' 는 이야기는 하지 않습니다.

장하준   반면에 정 박사님이나 저는 한국 정부가 시장을 왜곡시켰기 때문에 국민 경제가 발전할 수 있었다는 주장을 하고 있는 것이고요. 그러나 신고전학파나 종속 이론 입장에서 보면 시장이 왜곡되어 한국 경제가 엉망이 됐다는 식이 되죠.

'분배를 통한 성장' 만이 정의로운가?

이종태   예. 말씀 잘 들었습니다. 개혁 세력의 경제관에 대한 비판은 이 정도로 하고요. 조금 전 마침 장 박사님께서 진보 좌파를 언급하기도 하셨으니, 그분들에게로 화제를 돌렸으면 좋겠습니다. 그런데 문제는 한국에서 진보 좌파를 자처하는 세력도 그 스펙트럼이 무척 다양하다는 겁니다. 그래서 오늘은 가급적 진보 좌파로서 어느 정도 시민권을 인정받았다고 볼 수 있는 민주노동당의 경제관을 중심으로 이야기를 진행했으면 합니다.

정승일   경제와 관련된 민주노동당의 공식은 '분배를 통한 성장'이죠.

이종태   그와 관련해 조금 말씀드릴 것이 있습니다. 최근에 민주노동당의 최고 간부 중 한 분을 만나 이야기를 나누다 상당히 놀란 적이 있습니다. 민주노동당이 그동안 '분배를 통한 성장'을 주창해 왔기 때문에 분배 이외의 성장 및 산업 정책이 있는지 궁금했고, 그래서 질문을 드렸는데 뾰족한 답변을 듣지 못한 거예요. 이분 말씀이 '한국의 자본주의는 잘 나가고 있다.'는 겁니다. '자본은 더 할 수 없이 잘하고 있기 때문에 분배만 잘 되면 별다른 문제가 없다.'는 거죠. 이런 견해를 어떻게 평가해야 하는 걸까요. 그 자리에 함께 계시던 진보 성향의 교수 한 분은 이렇게 말씀하시더군요. '과거의 한국 좌파들은 한국 경제에 구조적 결함이 있다고 주장해 왔다.• 그런데 요즘에는 구조적 결함은 없으니 분배만 잘하면 된다는 주장으로 바뀐 것 같다.'고요.

정승일   '경제가 무슨 문제냐? 제대로 가고 있지 않느냐?'는 거군요. 그러니까 이제 분배만 잘하면 된다라….

장하준   정부의 한 고위직과 이야기를 나눈 적이 있는데 이분도 '한국은 잘 사는 나라'라고 하더군요.

정승일   민주노동당 사람들도 그런 이야기를 해요. 한국의 1인당 소득이 공식적으론 1만 달러지만, 실질소득으로 따지면 1만 8000 달러에 달한다나요.

• 1980~1990년대 초를 풍미했던 사회구성체 논쟁에서 당시 민중 운동권의 양대 세력이었던 민족해방(NL) 계열과 민중민주(PD) 계열은 각각 식민지 반봉건과 신식민지 국가독점자본주의로 한국의 사회 성격을 규정했다. 이 같은 두 가지 경향 내에도 여러 정파들이 존재했기 때문에 획일적으로 규정하긴 힘들지만, 전자가 식민지성과 봉건 유제 때문에 한국 자본주의의 정상적 발전이 불가능하다고 봤다면, 후자는 한국이 독점자본주의 단계까지 발전했지만 제국주의의 영향력 때문에 초과 이윤 착취가 순조롭지 않은 것으로 규정했다.

장하준 구매력으로 비교하니까 그런 결과가 나오는 거죠. 좋아할 이야기는 아닙니다. 그게 후진국일수록 서비스 노동의 가격이 싸기 때문에 실제로 누릴 수 있는 생활수준이 1만 8000달러라는 이야기거든요. 결국 우리나라에 저임금 서비스 노동자가 많다는 거죠. 그건 그렇고 한국의 개혁 성향 우파나 진보 좌파나 매우 안이한 생각을 하고 있다는 생각이 듭니다.

정승일 우리나라의 경우 '분배가 더 중요하지, 성장 같은 건 중요하지 않다.'고 말하는 분들이 노동 운동이나 환경 운동 쪽에 많이 계신 것 같습니다. 그 뜻은 굉장히 좋다고 생각해요. 그러나 지금 우리가 냉정하게 봐야 하는 현실은, 한국은 식민지 경험을 가진 나라이며, 지금도 세계 최강의 열강들에게 둘러싸여 있다는 겁니다. 우리나라가 정말 분배와 환경만 강조하다가 경제 성장에서 뒤처지고 만다면 20년쯤 뒤엔 중국이 국권을 위협하는 사태가 일어나지 않는다고 장담할 수 없다는 거죠. 우리가 좀 편안하게 살고 싶어도 그렇게 하지 못하도록 강요하는 주변 환경이 있고, 우리는 그러한 도전에 적극적으로 대응하는 차원에서 뭔가 해야 한다는 것이 제 생각입니다.

장하준 아까 말씀하신 민주노동당 간부의 주장은 성장과 분배를 이분법적으로 본다는 측면에서 보수 세력들과 크게 다르지 않다고 봅니다. 하지만 스웨덴이든, 독일이든, 핀란드든 분배를 잘하면서 성장도 잘하는 국가들이 있지 않습니까? 우리도 그런 체제로 가자는 주장을 하고, 또 그러기 위한 구체적인 성장 방안도 내놓기 위해 노력을 해야 하는 것 아닌가요? 우리나라는 아직 충분히 성장한 게 아닙니다.

정승일   민주노동당 사람들도 분배가 잘 이루어지면 내수가 늘어나고, 그에 따라 내수 부문의 기업들이 투자를 늘리면서 경제가 성장할 수 있다는 순환 구조는 이해하고 있는 것 같아요. 그러나 문제는 '분배를 잘하면 그 결과로 경제 성장이 이루어질 것'이라는 추상적인 믿음에서 한 발짝도 더 나아가지 못하고 있다는 거죠. 구체적 성장 정책이 없는 것도 그래서입니다.

때문에 전 민주노동당에 이렇게 시비를 걸고 싶어요. '민주노동당이 집권한다면 노동부 장관과 보건복지부 장관만 잘 임용해서 분배 구조만 뜯어 고치면 되겠네요. 경제 성장과 관련된 별다른 정책이 없는 것을 보면 재정경제부나 산업자원부 장관은 열린우리당이나 한나라당 등에 위탁할 계획이신가 보지요?' 하고 말입니다.

지금 우리 경제의 가장 큰 문제가 첫째 내수 부진이고, 둘째 투자 부진 아닙니까. 그런데 민주노동당은 이 중 첫 번째 문제인 내수 부진만 해결하자는 것 같아요. 하지만 저투자 현상을 방치한 상태에서 내수 부진이 해결될 것 같지는 않군요. 이 둘은 따로따로 노는 문제가 아니거든요.

장하준   '분배를 통한 성장'은 단기적 효과 이상을 기대할 수 없습니다. 지금 분배 상황이 워낙 좋지 않으니까 이를 개선하면 일시적인 효과는 분명히 있을 겁니다. 그러나 분배만으로 성장 동력이 마련되는 것은 아닙니다.

이종태 한국 진보 좌파들의 문제 의식엔 경제 성장이 빠져 있는 것 같습니다. 심지어 제도권 좌파 정당인 민주노동당도 마찬가지고요.

정승일 경제 성장은 자본가들이나 고민할 내용이지, 노동 운동이 개입할 영역은 아니라고 생각하는 것 같습니다. 그러나 제가 보기에 이런 모습은 노동 조합주의에 불과하다고 생각해요. 그러다 만약 다음 대통령 선거에서라도 민주노동당이 집권하기라도 한다면 그 다음부터 한국의 경제 성장 정책은 사라지는 것 아닌가요?

시장주의를 용인하는 좌파는 없다!

이종태 글쎄요. 그러나 전통적인 노동 운동이 노동자 계급을 보편 계급, 즉 사회 전체의 궁극적 이익을 염두에 두는 계급으로 규정해 온 것을 보면, 노동 운동이 국민 경제 전반에 좀 더 관심을 가져야 한다는 생각도 듭니다. 한 가지 더 말씀드리자면 현재 진보 진영의 명망가들 중 대다수는 1980~1990년대 초반엔 대자본의 국유화까지 주장하며 시장주의를 공격하던 분들입니다. 그런데 정작 1997년 이후 본격화되고 있는 시장 근본주의적 개혁에는 반재벌 투쟁이라는 명분으로 힘을 보태거나, 아예 무관심한 태도를 보이는 것 같아 아쉽군요.

장하준   그렇습니다. 진보 좌파들이 분배 이야기를 많이 하지만 한국의 소득 분배가 1997년 이후 급격히 악화된 이유가 도대체 뭡니까. 한국의 금융, 노동, 무역 시장과 기업(재벌) 시스템들이 서로 맞물리면서 신자유주의에 포섭되어 버렸기 때문입니다. 이런 상황에서 조세, 복지 등 국가의 재분배 정책만 개선한다고 문제가 해결되지는 않을 겁니다.

민주노동당이 만약 현재 20% 수준인 한국의 조세 부담률을 독일이나 스웨덴의 40~50%까지 올릴 자신이 있다면 시장이 어떻게 돌아가든 소득 분배는 개선할 수 있겠지요. 그러나 조세 부담률이 빠른 시일 내에 그 수준까지 오를 가능성은 희박한 반면, 시장 논리는 각 경제 부문에서 날로 강화되고 있기 때문에 소득 분배의 급격한 악화를 통제할 수단이 없는 겁니다.

진보 좌파는 시장이 돌아가는 논리, 즉 성장이라고 표현되는 부분과 소득 분배가 유기적으로 얽혀 있다는 것을 정치적으로 철저히 인식했으면 합니다.

정승일   어떤 때 보면 진보 좌파들이 고민하는 것은 노동 시장 유연화 반대 외에는 없는 것 같습니다.

장하준   그들이 정말로 고민해야 할 것은 노동 시장이 유연화될 수밖에 없는 원인입니다. 현재 자본 시장 개방과 주주 자본주의 때문에 투자가 줄면서 일자리는 만들어지지 않고 있습니다. 그리고 그로 인해 노동 시장을 유연화하라는 압력은 계속 거세지고만 있고요. 이런 원인을 그대로 방치한 상태에서 노동 시장만 뚝 떼어 내 보호할 수는 없는 것 아닙니까?

이종태   두 분께서는 시민 사회 단체들의 재벌 개혁 운동에 대해 상당한 의구심을 표시해 오신 분들입니다. 노동 운동도 재벌 개혁과는 무관하지 않은데요.

장하준   외환 위기 이후 시장주의의 이름으로 재벌에 대한 공격이 대대적으로 이루어진 바 있습니다. 재벌 자체가 비시장주의적으로 조직된 기업 집단이니까 시장을 무기로 재벌을 통제하려고 한 거죠. 그러나 그 결과는 외국의 더 큰 자본들이 한국 재벌들을 통제하게 되는 겁니다. 그런 만큼 아무리 재벌이 밉다고 해도 시장 근본주의를 용인해서는 안 되겠죠.

정승일   반재벌이라는 구호 하에 시장 근본주의가 선(善)이며 개혁으로, 그리고 진보로 정당화되는 이상한 일이 벌어졌던 것입니다.

이종태   오늘 대화에서는 유달리 좌파니 우파니 하는 단어가 많이 등장했습니다. 두 분의 말씀을 듣다 보면 노무현 정권은 신자유주의 우파인데, 제가 처음에 잠시 언급했던 극우파 시위에서는 현 정권을 좌파라고 주장하거든요. 그만큼 한국 사회의 이데올로기적 혼란이 만만치 않다는 증거일 것 같은데, 이 기회에 좌파와 우파에 대한 규정을 한번 정리해 주시죠.

장하준   어떤 기자가 저에게 '당신을 보고 어떤 사람들은 극좌 민족주의라 하고, 다른 사람들은 극우파라고 하는데 정체가 뭐냐.'는 질문을 하더군요. 서구 기준으로 보면 기본적으로 좌파는 친노동, 반시장입니다. 그 다음엔 급진주의죠. 이게 정통 좌파의 개념이거든요. 그런데 대처가 등장한 다음부터 좌파의 개념에 급진주의가 포함될 수 있는지를 많은 사람들이 회의하게 됩니다. 프랑스 혁명 때부터 급격한 사회 질서 변화가 가능하다고 주장한 사람들을 좌파로, 이를 반대하는 사람들은 보수 우파로 규정하는 것이 보통이었는데, 대처는 우파적 변혁을 '급격하게' 추진했으니까요.

아무튼 이런 기준을 놓고 보면 노무현 정부를 비롯한 개혁 주체 세력은 우파입니다. 시장주의와 주주 자본주의를 지지하는데다 반노동적이라고 할 수 있으니까요. 비록 이런 개혁을 급진적으로 추진해 오긴 했지만, 대처 이후 '급진 우파'라는 것이 생긴 만큼 개혁 세력은 우파로 부르는 것이 적절한 것 같습니다. 그리고 진보 좌파로 불리는 분들 중 상당수도 당연히 친노동 성향이시겠지만 시장주의를 비판하지 않는다면 서구적 의미에서 좌파로 불리기는 힘들 것 같습니다.

장하준·
정승일의
격정대화
쾌도난마
한국경제

2부

우리는

후대를 위해

무엇을 할 것인가?

주주 자본주의와 신자유주의의 본질

2부 1장

이종태   노무현 대통령이 극적인 승리를 거뒀던 지난 2002년 대선은 한국 현대사에서 하나의 거대한 전환점이었다고 생각합니다. 범민주화 운동 세력 중 일부가 드디어 지배 계층이 된 거죠. 당시 개혁적 언론 매체들에서는 이를 '신주류의 탄생'이라고 명명하기도 했습니다.

저는 이 같은 민주화 운동 세력의 승리가 지난 1987년 6·10 항쟁으로 시작되었고, 김대중 전 대통령의 집권을 거쳐 2002년 대선을 통해 완료되었다고 파악하고 있습니다. 그리고 이 민주화 운동 세력은 기존의 한국을 비민주적이고 빈곤하며, 외세에 종속되어 있는 사회로 분석했습니다. 때문에 이들이 대체로 합의할 수 있었던 한국 사회의 변혁 과제는 '민주, 민중, 민족'으로 정리될 수 있을 것 같습니다. 민주주의를 확립하고, 빈곤 및 불평등 문제를 해결하며, 군사·

정치·경제 부문에서의 자주와 통일을 이루겠다는 것이죠.

그런데 이런 목표를 가진 민주화 운동 세력이 집권했음에도 불구하고 이해할 수 없는 일들이 벌어지고 있습니다. 경제 성장에는 제동이 걸렸으며, 일자리는 불안해지고, 빈곤층의 확산이 새로운 사회 문제로 떠오르는 식입니다. 또한 경제 부문만 떼어 놓고 본다면 한국은 군부 독재 시절보다 훨씬 더 외세에 종속되어 버린 것 같다는 느낌이 드는 것도 사실입니다.

과연 이런 현상을 어떻게 설명해야 할까요? 오늘 대화에서는 먼저 두 분께서 이미 본격적으로 제기하신 바 있는 신자유주의와 주주 자본주의°라는 틀을 통해 최근 한국 경제의 문제점들을 분석해 봤으면 좋겠습니다.

정승일   일단 현상부터 살펴봐야겠죠. 최근 노무현 대통령도 양극화 문제를 인정한 바 있습니다. 수출 부문과 내수 부문, 대기업과 중소기업, 정규직과 비정규직, 정규직 중에서도 대기업 노동자와 중소기업 노동자, 도시와 농촌, 도시에서도 수도권과 지방의 경제적 격차가 계속 벌어지고 있다는 거죠. 여기서 우리가 주목해야 할 점은 이런 양극화의 근본적 원인이 1990년대 초반부터 시작된 신자유주의적 세계화라는 겁니다.

우선 수출과 내수의 양극화에 대해 살펴볼까요? 수출 지향적 경제 개발이 시작된 1960년대 이후로도 한동안 수출과 내수 사이의 간격이 상당히 확대되었던 적이 있습니다. 그러나 당시의 간격은 수출이 급속도로 신장되었기 때문에 생긴 겁니다. 현재와는 완전히 다른 현상인 거죠. 그러다 1980년대 접어들면서부터 수출과 내수 사이엔 선순환이 이루어지기 시작합니다. 수출이 늘어나면 그에 비례해 시설 투자와 고용이 함께 확대되면서 내수 시장이 커지는 메커니즘이 생긴 거죠.

특히 1987년의 민주화와 노동자 대투쟁 이후 생산직과 사무직 모두의 임금이 급상승하면서 내수 시장이 크게 성장합니다. 수출 증대보다는 내수 증대가 경제 성장을 견인하는 현상도 나타나고요. 결국 수출 의존도가 하락하고 중산층 확대를 바탕으로 든든한 내수 시장이 형성되는, 건실한 국민 경제를 만들어 간다는 점에서 매우 바람직한 모습으로 나가고 있었던 겁니다.

그러나 이 같은 선순환은 1990년대 초반부터 신자유주의 세계화가 진행되면서 역전되기 시작했고, 김대중 전 대통령의 경제 개혁 이후에는 수출과 내수의 양극화가 더욱 커지면서 구조화되어 버립니다. 빈부 격차도 비슷한 추세를 보입니다. 1980년대부터 지니계수•가 점점 작아지면서 평등화 지수가 높아지는 추세였습니다. 이 기

• 노동자, 경영자, 주주, 소비자, 지역 주민 등 기업의 이해 관계자 중에서 특히 주주의 의견과 이익을 최우선시하고 추구하는 형태의 자본주의.

• 소득이 어느 정도 균등하게 분배되는가를 나타내는 소득 분배의 불균형 수치. 지니계수는 0과 1 사이의 값을 가지는데, 값이 0에 가까울수록 소득 분배의 불평등 정도가 낮다는 것을 뜻한다. 보통 0.4가 넘으면 소득 분배의 불평등 정도가 심한 것으로 본다.

조가 1990년대 초반까지 이어지던 것이, 이후 세계화 바람이 불면서 다시 높아지기 시작하더니, 즉 빈부 격차가 커지기 시작하더니, 1998년 이후에는 급상승하거든요.

저는 김영삼 시절의 세계화 바람이 세계화 1단계, 김대중 시절부터 현재까지 우리가 겪고 있는 것이 세계화 2단계라고 생각합니다. 그런데 세계화라는 것은 기본적으로 시장 논리이고, 시장은 강자만이 살아남는 시스템이거든요. 그런데 우리나라 경제에서는 수출 부문이 내수 부문보다 강자이고, 대기업이 중소기업보다 강자입니다. 따라서 대기업 노동자들이 중소기업 노동자들보다 강자인 거죠.

결국 세계화라는 자유 시장 논리가 그대로 관철된 결과가 오늘날 한국 경제의 모습인 셈이죠. 시장 그 자체가 원리적으로 양극화를 내포하고 있다고 말할 수도 있을 겁니다. 현재 수출 부문에는 일정 정도 투자가 되지만 내수 부문에는 투자가 이루어지지 않고, 또 수출 부문 내에서도 일부 대기업에만 투자가 활발한 작금의 상황은 이렇게 설명할 수 있을 겁니다. 결국 투자가 전반적으로 부진한데다 그나마 불균등하게 이루어지면서 소득 격차가 나타날 수밖에 없는 거죠.

부채비율 하락이 우리에게 남긴 것은?

이종태   투자가 불균등하게 이루어지는 바람에 소득 격차가 커지고 있다는 말씀인 것 같습니다. 그에 대해 조금만 더 구체적으로 말씀해 주시겠습니까?

정승일   1990년대 이후 지금까지 우리나라 기업들의 총설비 투자 내용을 분석한 한국은행의 (2004년 7월) 보도자료가 있습니다. 이 자료를 보면 1997년까지는 기업이 실시한 설비 투자에 필요한 자금 조달에서 20~30%만이 내부 자금에서 조달되었고, 70~80%는 외부 자금에서 조달되었습니다.* 특히 은행 대출이 큰 역할을 했지요. 그러나 현재는 거꾸로 설비 투자 자금 중 20~30% 정도만 외부 자금이고, 70~80%는 내부 자금이에요. 어떻게 보면 기업들이 자기 돈으로 사업한다는 의미니까 좋은 현상인 것처럼 보이기도 합니다. 하지만 실상은 전혀 그렇지가 않아요. 실물 경제와 금융 시장이 따로 놀고 있다는 것을 의미하니까요.

이건 한마디로 금융 부문에서 떠돌고 있는 돈이 기업으로 들어갈 필요가 없게 됐다는 걸 의미합니다. 기업 입장에서 봤을 때는, 높은 수익을 올려 충분한 돈을 회사 내에 쌓아둔 기업은 투자 여력이 있지만, 그렇지 않은 회사는 외부 금융 시장에서 빌려 투자하는 것도 힘들게 되었다는 의미고요.

---

* 내부 자금은 기업 내부에서 조달하는 자금을 의미하는데, 높은 수익을 내는 기업일수록 이익의 일부를 기업 내부에 적립함으로써 내부 자금을 풍부하게 보유할 수 있다. 반면 외부 자금은 (주식 시장, 회사채 시장, 은행 등) 기업 외부의 금융 시장에서 조달하는 자금을 의미한다.

결국 기업 간의 설비 투자에서, 그리고 R&D(연구개발) 투자에서 심각한 양극화가 일어나고 있는 겁니다. 또한 중소기업만이 아니라 대기업에서도 다수의 기업들이 설비 투자와 R&D 투자에 필요한 자금을 외부로부터 공급 받지 못하고 있다는 것이고요.

그런데도 금융권은 주택 담보 대출 형태로 가계 대출을 늘려 부동산 투기 붐을 조장하고 있는 형편입니다. 1998년 이후의 저투자 현상은 이렇듯 기업과 금융 시장, 달리 말해 실물 경제와 금융 부문 간의 연결이 단절된, 새로운 경제 구조 때문이라고 볼 수 있습니다.

장하준   일종의 조로(早老) 현상이라고 할 수 있습니다. 어떤 나라든 경제 발전 초기엔 기업들이 내부에 쌓아둔 자금이 없기 때문에 외부에서 돈을 많이 빌리게 되어 있어요. 그래서 부채비율이 높아지는 건데, 이 같은 현상은 그 나라 경제가 성공적으로 발전해 기업들이 수익을 내고 내부 자금이 쌓이면 돈을 많이 빌릴 필요가 없어지니까 개선됩니다.

실제로 일본의 경우 1960~1970년대에는 부채비율이 500%, 600%였어요. 우리나라는 한창 높을 때가 350%, 400%였지만요. 그러다가 일본 기업들이 자연스럽게 내부 자금을 쌓게 되면서 이 문제는 해소가 됩니다. 1990년대 접어들면 부채비율이 200% 정도로 내려가거든요.

그런데 우리나라 기업들은 외환 위기 직후 400%에 이르던 부채비율을 하루아침에 200%로 낮추라고 강요당하지 않았습니까? 그렇게 되니까 은행들도 기업에 돈을 빌려 주지 않게 되고, 기업들 입장에서도 괜히 돈을 빌려 투자해서 부채비율을 높이느니 차라리 투자를 기피하는 현상이 나타나게 된 거죠. 그 결과 지금은 우리나라의 부채비율이 미국보다 낮을 정도가 되었습니다.

그에 대해 어떤 분들은 '선진국이 되면 부채비율이 낮아지는 거니까 좋은 현상'이라고 하는데, 글쎄요. 문제는 그 나라들은 선진국이 되면서 자연스럽게 부채비율이 낮아진 거지만, 한국은 그렇지 않다는 겁니다. 선진국도 되기 전에 부채비율을 대폭 낮추도록 강요받는 바람에, 돈을 빌리는 리스크를 무릅쓰고라도 투자하겠다는 기업이 줄어들고, 또 그에 비례해 경제의 장기적인 활력도 떨어지게 된 셈이니까요. 한마디로 정부가 우리나라의 경제 발전 단계에 맞지 않는 정책을 쓴 거죠.

저는 한국이 일본처럼 국민소득이 한 4만 달러 정도 된다면 굳이 아등바등하면서 성장할 필요가 없다고 생각합니다. 그러나 겨우 1만 달러 넘긴 처지에서 투자 안 하고, 성장 안 하고, 그리고 이런 상황을 '자연스러운 현상'이라며 자위하다니…. 정말 안타까운 일이 아닐 수 없습니다.

기업 자금 수탈 창구가 된 주식 시장

이종태   한국 경제가 주주 자본주의 쪽으로 가면서 나타났던 현상들을 설명하고 계신 것 같습니다. 은행에서 돈을 빌려 의욕적으로 투자하던 한국 기업들이 김대중 전 대통령의 경제 개혁 이후 부채 비율을 대폭 낮춰야 하는 상황에 직면하게 되면서 투자를 못 하거나 안 하게 되었다는 말씀인데요. 그렇지만 기업들이 은행을 통해서만 자금을 마련할 수 있는 것은 아니지 않습니까? 예컨대 주식 시장이나 회사채 시장에서 훨씬 더 안정적인 자금을 공급 받을 수 있고, 이것이 외환 위기 이후 금융 개혁의 핵심적인 목표이기도 했을 텐데요.

정승일   놀라운 현상은 한국 기업들이 현재 자본 시장(주식 시장과 회사채 시장)에서 공급 받는 자금의 규모가 외환 위기 이전보다 적다는 것입니다. 정부는 외환 위기 이후 금융 개혁을 하면서 기업들이 부채비율을 줄여도, 즉 은행에서 돈을 덜 빌리게 되어도 주식 시장 및 회사채 시장이 자금을 공급할 것이기 때문에 큰 문제가 없을 것이라고 주장했죠? 간접 금융, 즉 은행 대출보다는 직접 금융, 즉 주식 및 회사채 발행이 훨씬 선진적인 금융 구조라고 주장하면서요. 그러나 실제로 나타난 결과는 정부의 예측과 정반대되는 것입니다.

장하준   주식 시장에서 기업으로 들어간 돈보다 기업에서 주식 시장으로 들어간 돈이 더 많았습니다. 기업들이 경영권 방어 등의 목적 때문에 자사주 매입 같은 것을 많이 했거든요. 결국 주식 시장이 기업에 돈을 공급하기는커녕 기업의 자금을 삼키고 있는 거죠.

정승일   지금까지 재정경제부와 금융감독위원회, KDI(한국개발연구원), 한국금융연구원, 그리고 여러 시민 단체에서는 우리나라의 금융 시스템을 영미형의 자본 시장 중심으로 개혁해야 한다고 계속 주장해 왔습니다. 그렇게 되어야만 기업에 대한 투자가 원활하고 효율적으로 이루어질 수 있다는 근거에서이지요.

그러나 이런 주장들은 통계적으로도 증명되지 않습니다. 이건 우리나라만 그런 것이 아니라 다른 나라에서도 마찬가지예요. 가령 영국과 미국에서도 자본 시장은 이미 기업에 자본을 조달하는 곳이 아닙니다. 그에 대해서는 이론적으로도 이미 입증되어 있어요. 회사채 발행이 기업의 자금 조달 창구 역할을 하는 선진국은 미국이 거의 유일합니다. 나머지 영국, 프랑스, 독일, 일본, 스위스 등 대부분의 선진국에서 채권 시장은 회사채보다는 정부 채권이 주도하고 있고요.

또 주식 발행이 기업의 자금 조달 창구 역할을 하는 나라는 오히려 독일과 일본, 프랑스 등 비(非)영미권 국가들입니다. 우리나라에서도 1998년 이전에는 주식 시장이 그런 역할을 했고요. 미국과 영국 등 영미권의 주식 시장은 오히려 기업의 자금을 수탈하는 곳입니다. 우리나라에서도 영미형 주식 시장이 정착되는 2000년 이후에는 주식 시장이 그런 역할을 하고 있고요.

장하준   영국이나 미국에서 자본 시장의 역할은 기업에 자금을 공급하는 것이 아니라, 적대적 M&A(인수합병)를 통해 기업의 경영권을 원활하게 이전시키는 것이라고 보는 편이 옳습니다. 그게 아니라도 금융 시스템이 주식 시장 중심으로 구성된 나라에서는 장기적 전망을 가진 기업 운영이 어려워요. 경영자들은 재임 기간 동안 주식 가치를 올려야 한다는 압력을 받을 수밖에 없기 때문이죠. 그래야 스톡옵션도 받을 수 있고요. 주주 자본주의에서는 결국 주주들의 권익이 가장 중요한 것 아닙니까? 경영자 자신이 퇴임한 이후 기업이 어떻게 되든 간에 일단 주가를 올려놓고 봐야 한다는 단기주의가 판치게 되는 것도 그래서죠.

정승일   미국인으로 프랑스의 유명 경영대학원 INSEAD에서 강의하는 라조닉(William Lazonick) 교수가 1998년부터 2001년까지 미국 실리콘밸리의 나스닥 상장 기업을 대상으로 연구한 자료가 있습니다. 이 방면에서 대표적 기업 중 하나인 시스코시스템즈의 성장 과정에서 자금이 어떻게 공급됐는가를 관찰한 거죠.

그런데 재미있는 것은 이 기업이 투자에 사용한 자금은 회사 내부에서 조달한 거더라고요. 자본 시장에서도 시스코시스템즈에 자금을 공급하긴 했는데, 그건 다른 기업을 인수합병하기 위한 것이었습니다. 결론적으로 기술 혁신 등 실물 경제의 발전을 위한 투자를 나스닥 같은 자본 시장에서 기대하기는 어렵다는 이야기인 셈이죠. 이런 주식 시장을 중심으로 금융 시스템의 틀을 짜겠다는 것이 김대중 정부의 금융 개혁이었어요. 그런데 문제는 한국의 경우 이미 은행에서도 기업에 효율적인 자금 공급을 기대하기가 어렵게 됐다는 겁니다. 은행 시스템 전체가 주주 자본주의에 포획되어 버렸거든요. 은행들도 (외국인) 주주들의 눈치를 보면서 리스크가 큰 기업 대출을 피하고 가계 대출, 주택 담보 대출에 전력하고 있지 않습니까? 그 결과 지금 부동산 시장에서 거대한 투기적 거품이 창출되고 있고요.

이 같은 모습들이 바로 김대중·노무현 정부가 경제 개혁이라는 슬로건 하에 추진해 온 주주 자본주의 혹은 자본 시장 중심의 영미형 금융 시스템의 본질입니다. 그리고 지금 한국 경제의 문제점들은 이 같은 경제 개혁이 잘못 실행되어 발생한 것이 아니라 오히려 너무나 잘 실현된 결과라고 봐야 합니다.

장하준   노동 시장 유연화 같은 것도 주식 시장 혹은 주주 자본주의의 논리에서 나오는 거죠.

정승일   노동 시장 유연화로 일자리가 불안해지면서 내수 시장이 축소되고 있는 문제 말인데요. 사실 이른바 노동 시장 유연화를 가장 강력하게 요구하는 것은 최고경영자가 아니라 주주들입니다. 노동자들을 해고하면 주식 가치가 올라가거든요.

그리고 주주 자본주의의 특징 중 하나인 적대적 M&A가 이루어지면 최고경영자가 교체되는 것이 보통인데, 이 경우 단체협상도 무효화될 가능성이 큽니다. 따라서 주주 자본주의 시스템에서처럼 최고경영자가 3년마다 갈린다든가, 심지어 3개월마다 분기별 보고의 결과에 따라 해임될 수 있는 국가와 일본같이 장기간의 임기가 보장되는 나라의 고용 관계는 다를 수밖에 없게 됩니다.

장하준   미국에서 주주 자본주의와 소액주주 운동이 강화된 게 1980년대부터인데, 그 이후 기업의 배당 비율이 계속 높아지고 있습니다. 그런데 거기서 재미있는 현상 중의 하나는, 처음에는 전문 경영인들을 감시하기 위해 소액주주 운동을 해야 한다고 했는데, 지금 보면 미국 최고경영자들의 봉급이 엄청나게 올랐다는 겁니다. 1950년대엔 종업원 평균 임금과 사장의 봉급 차이가 30배 정도였는데, 요즘엔 500배, 계산 방법에 따라서는 1000배까지 나오는 식이죠. 결국 주주들과 경영자들이 짜고 노동자를 벗겨 먹는 식으로 굴러가고 있다 해도 과언이 아닌 셈입니다.

기업 대출 외면은 정부가 유도했다!

이종태   결국 주주 자본주의는 경제 성장에도 악영향을 미치고 노동자의 권리에도 치명적인 체제란 이야기인데요. 그렇다면 어떤 대안이 있을까요?

정승일   주식 시장을 일정하게 규제하는 메커니즘을 생각해야 될 것 같아요. 그리고 아까 이야기했던 자사주 매입의 경우에서 보았

듯이 경영권 때문에 자금이 기업에서 주식 시장으로 흐르는 비효율적인 상황이 발생하니까 그에 대한 견제 장치도 만들어야 할 거고요. 또 은행이 기업에 대출하는 것을 가로막고 있는 제도들, 예컨대 부채비율 200% 등의 규제는 명시적으로 없애야 한다고 생각합니다.

장하준 그게 없더라도 요즘 은행의 대출 심사에서 가장 중요한 기준이 부채비율입니다. 부채비율이 낮으면 좋은 기업, 높으면 나쁜 기업이란 식으로 완전히 도식화되어 버렸거든요.

정승일 그렇습니다. 우리나라 은행들의 경우 기업을 평가하는 능력이 아주 부실합니다. 어떤 은행권 담당 애널리스트는 심지어 이런 이야기까지 토로합니다. '학자들은 너무나 쉽게 은행들이 담보를 요구할 것이 아니라 신용 대출을 하라고 말한다. 하지만 우리나라 은행들은 지난 40년간 신용대출을 해 본 경험이 별로 없다. 금융 구조 조정이 완료된 것이 2002년쯤이고, 따라서 은행들이 신용 대출로 방향으로 바꾼 지 불과 2~3년밖에 되지 않는다. 그런데도 은행들에게 지금 당장 담보 대출을 줄이고 기업들에 대한 사업 분석, 산업 분석, 기술 분석 등에 기초하여 신용 대출을 늘리라는 것은 아이에게 올림픽에 나가서 금메달을 따오라는 것과 똑같다. 아직 우리나라 은행들에게는 그런 능력이 없다.'고요.
우리나라 은행들의 경우 기업 평가 능력과 신용 평가 능력이 이제 겨우 자라나는 초기에 있고, 이게 선진국 수준으로 올라가는데 앞으로 빨라야 10년, 정상적이라면 20년, 30년이 걸린다는 겁니다. 기업 평가와 신용 평가에 필요한 인력이 양성되고, 실무와 실습을 통해 새로운 행동 방식과 영업 방식을 익혀서 그것을 세련화·정교화하고, 그런 신규 인력이 과거 인력을 대체하는 세대 교체가 이루어지는 데에는 그만큼 긴 시간이 필요하다는 이야기죠.

그런데도 이런 시간적 고려도 없이, 또 제도의 점진적 이행에 대한 고려도 없이 재정경제부와 각종 금융감독 기구들, 그리고 그와 관련된 각종 연구 기관들과 IMF 등이 1998~2002년 사이에 우리나라의 은행 제도와 금융 제도를 급진적으로 선진국형으로, 그것도 영미형으로 바꾸어 버렸습니다. 아이에게 어른의 옷을 입혀 놓고는, 이제 어른이 되었으니 어른처럼 행동하라고 요구하는 거나 다를 바 없는 상황이 된 거지요.

장하준   독일같이 은행들이 기업 주식을 소유해서 회사 내부 사정을 잘 알게 만들어 준다든가, 혹은 일정 부분 정부가 보증을 서 준다든가 하는 식으로 은행들이 기업 대출을 할 수 있는 메커니즘을 만들어 줘야 해요. 은행들이 하루아침에 기업 평가 능력을 갖출 수 있는 건 아니거든요.

정승일   정부가 산업 정책을 세우고 이 정책에 참여하는 기업에 대한 은행 대출을 정부가 보증할 수도 있는 것 아닙니까? 이게 그렇게 새로운 주장도 아니잖아요? 이미 산업자원부가 시행하는 많은 정책들에서 그러한 방향들이 나타나고 있습니다. 그리고 김대중 정부가 벤처 붐을 일으키려고 노력할 때는 벤처 기업이라고 등록만 되면 정부가 무조건 보증해 줬잖아요. 모럴 헤저드까지 나타날 정도로요.

그리고 요즘 가장 큰 문제 중 하나가 중소기업의 저투자인데, 이 경우 대기업과 중소기업의 관계를 개선하는 것이 대안이 될 수 있겠죠. 대기업과 중소기업의 관계가 완전히 시장 관계로 들어가면서 양극화가 일어나고 있거든요. 시장 관계라는 것은 간단히 말해 '너와 나는 언제든 계약이 파기되어 남남이 될 수 있다.'는 것 아닙니까? 그러지 말고 일본처럼 대기업과 중소기업이 장기적인 거래 관계를 맺는 식으로 가야 한다는 겁니다. 그렇게 되면 대기업이 하청 중소기업의 은행 대출을 보증하는 식으로 해서 문제를 해결할 수도 있지 않겠어요?

주택 담보 대출에 열중하는 해외 금융 자본

장하준   은행을 둘러싸고 있는 국제적 환경도 바꿀 필요도 있습니다. 예컨대 BIS(국제결제은행) 기준이란 것이 있잖습니까? 이 BIS 기준이라는 게 은행들이 실제로 갖고 있는 돈보다 더 많은 신용을 창출해 빌려 주는 기관이라는 점에서 안전성을 담보하기 위해 신용 창출 범위를 일정하게 규제하는 제도거든요. 가령 BIS 기준이 8%라면 특정 은행의 총대출금이 100억 원일 경우 이 금액의 8%에 해당하는 8억 원의 자기자본을 갖고 있어야 한다는 거죠.

그런데 문제는 BIS 기준 8%를 이행하려면 은행들이 굉장히 보수적으로 대출을 해야 한다는 겁니다. 이 8%라는 것이 선진국에 맞춘 기준이라서, 선진국보다 기업에 더 많은 돈을 빌려 주고 투자를 해야 하는 후진국들에게는 적절하지 않거든요. 실제로 일본 은행들의 경우 1990년대 초까지만 해도 BIS 기준에 해당하는 자기자본비율이 1% 내지 2%인 곳이 많았을 정도니까요.

문제는 이 같은 은행에 대한 규제가 앞으로는 더욱더 강화될 가능성이 크다는 겁니다. 2005년이나 2006년에 BIS II가 도입될 예정인데, 이 BIS II 기준의 특징은 은행이 빌려 준 돈 중에서 리스크가 큰 대출에 가중치를 부과한다는 거니까요.

정승일   그렇게 되면 우리나라 중소기업들의 경우 은행 대출은 포기해야 할 겁니다. 리스크가 꽤 높으니까요.

장하준   예. BIS II가 실시되면 경제적 약자들은 더욱 힘들어지게 되어 있습니다. 때문에 BIS II가 도입되더라도 국제 업무를 하는 은행들은 지키게 하고, 국제 업무가 별로 없는 지방 은행 같은 곳은 좀 느슨하게 해 주는 식으로 우리 정부가 적극적인 대책을 강구해야 할 것 같습니다. 어차피 국제 기준이니까요.

오해의 여지를 없게 하기 위해 조금만 더 설명한다면, 우리나라 은행들이 안전한 길만 고집할 것이 아니라 어느 정도 리스크가 있더라도 적극적인 경영을 할 수 있는 방향으로 정부가 제도적 틀을 새로 짜야 한다는 말씀을 드리고 싶은 겁니다. 아까 정 박사께서 말씀하신대로 우리 은행 시스템 전체가 주주 자본주의에 포획되어 버린 지금의 상황에서는 정부가 매우 적극적으로 나서도 은행들은 바뀔까 말까 하거든요.

지금 은행들이 어떤 식으로 영업을 하고 있는지는 어느 정도 알려져 있지 않나요? (외국인) 주주들의 눈치를 보면서 단기 수익을 창출하는 데만 급급하고 있는 현실 말이에요. 해외 투기 자본인 뉴브리지가 제일은행을 인수해서 한 일이 뭡니까? 사람 자르고, 지점 줄이고, 서비스 질을 낮춘 거죠. 이런 식으로 경영하기 때문에 회임 기간이 길고, 리스크가 큰 기업 대출은 기피하고 안전한 가계 대출에만 주력하고 있는 것 아닙니까? 제일은행의 경우 예전에는 총대출금 중 80% 정도가 기업 대출이었는데 요즘엔 가계 대출이 85% 정도라고 하더군요.

주식 시장이 기업의 자금원이 될 수 없다는 이야기는 이미 충분히 한 것 같고, 은행들마저 이 모양이라면 어떻게 투자가 발생하고, 소득이 증가하며, 국민 경제가 성장할 수 있겠습니까? 1등 기업은 현재의 지위를 안전하게 지키면 됩니다. 그러나 다른 기업들이 1등 기업처럼 안전만 고집하면서 어떤 리스크도 감당하지 않으려고 하면 절대로 따라갈 수가 없어요. 국민 경제도 마찬가지입니다.

이런 관점에서 은행 규제 같은 것도 좀 더 성장 위주로 바꾸자는 이야기입니다. 매일 말로만 '성장주의, 성장주의' 하지 말고 진짜로 성장주의를 하자는 겁니다. 보수 언론들도 매일 '성장이 중요하다'고 이야기하고 있지만, 정작 주주 자본주의의 논리가 어떻게 경제 성장을 가로막고 있는지에 대해서는 한마디도 하지 않아요. 그러면서 '돈 많은 사람들 미워하니까 투자가 안 된다.'느니 하는 웃기지도 않는 소리만 늘어놓고 있어요. 한국 사람들이 언제는 돈 많은 사람들, 예뻐했습니까? 웃음

정승일 은행권 전체의 룰(rule)을 만들어 나가는 리딩 뱅크라는 게 있습니다. 과거에는 한국의 리딩 뱅크가 산업 대출을 많이 해서 기업들이 투자하게 도와주는 산업은행이나 제일은행이었어요. 그런데 외환 위기 이후, 특히 이헌재 전 장관이 금융 개혁을 주도하면서 리딩 뱅크라고 만들어 낸 게 바로 지금의 국민은행입니다. 그 모체인 주택은행과 국민은행의 경우 주로 가계 금융에 치중하던 관계로 일종의 구멍가게나 다름없다는 평을 금융권에서 받고 있었는데, 이 은행들을 파업까지 진압해 가며 이헌재 씨가 리딩 뱅크로 만들었거든요.

그런데 이렇게 리딩 뱅크가 된 국민은행은 그야말로 주주 자본주의의 진수를 보여 주는 경영을 하고 있습니다. 주주 가치를 극대화하기 위해 단기적으로 수익성이 높게 나오는 주택 담보 대출이나 소호(SOHO) 대출에 주력하면서 전체 금융 시장의 안정을 위한 정부

개입에 대해서는 '관치 금융'이라며 거부하고,* 학자금 융자처럼 단기 수익을 기대할 수 없는 대출은 포기하는 식으로요. 한마디로 주주들의 이익에 철저히 봉사한 거지요.

재미있는 것은 이른바 개혁 세력들이 국민은행의 이 같은 경영에 열광했다는 겁니다. 이헌재 부총리도 한때 칭찬을 아끼지 않았고, 『한겨레신문』이나 『프레시안』 참여연대 같은 곳도 잘한다고 박수를 쳤어요. 하지만 이 은행이 지난 4년 동안 한 일이 도대체 뭡니까? 주택 담보 대출과 여관과 러브호텔, 음식점에 대한 대출을 너무 확대했다가 연체율이 높아지는 바람에 엄청난 피해를 본 것 말고 무슨 일을 했습니까? 국민 경제도 망가지고 있고요.

장하준   그게 신자유주의고, 주주 자본주의니까요.

이종태   결국 오늘의 대화는 대략 이렇게 귀결되겠군요.
'신자유주의는 기본적으로 강자만이 살아남는 체제이자 저성장 체제이다. 오늘날 우리 경제의 양극화는 거기서 배태되었다고 해도 과언이 아니다. 게다가 주주 자본주의는 가진 자를 위한 것이다. 주

---

* 2003년 말 LG카드 사태 당시 정부는 채권 은행들에 대하여 채권 비율대로 부실을 떠맡는 공동 관리안을 제시했으나 당시 김정태 국민은행장은 외국인 주주들의 지지와 『한겨레신문』, 『프레시안』 김태동 금융통화위원 등 국내 개혁 세력과 『월스트리트 저널』과 『파이낸셜 타임즈』 등 해외 언론의 지지를 업고 주주 가치 수호와 신관치 금융 반대를 명분으로 정부안을 반대하였다.

주와 경영자들이 야합해 노동자들을 등치는 체제라고 해도 좋을 정도이다. 그런 신자유주의와 주주 자본주의에 대해 개혁 세력들이 열광하는 것은 과거에 대한 무조건적 거부에서 기인한다고밖에는 달리 설명할 길이 없을 것 같다.'

대충 이런 내용인데, 참 서글프다는 생각이 들지 않을 수가 없습니다. 이른바 선진국들과 해외의 거대 자본이 불어넣은 솔깃한 말에 휘둘려 우리끼리 꼭두각시 놀음을 하고 있는 꼴이니까요. 이런 문제들을 해결하기 위해서도 신자유주의의 본질과 주주 자본주의의 속성에 대한 어떤 공감대가 형성되어야 할 텐데, 그런 기미는커녕 논의조차 활성화될 조짐이 없으니 개인적으로 답답할 뿐입니다. 모쪼록 지금 이루어지는 대화를 통해 그런 계기가 촉발되었으면 하는 마음 간절한데, 어떨지 모르겠습니다. 어쨌거나 오늘의 대화는 여기서 마치도록 하겠습니다.

서로 자기 발등을 찍고 있는 자본과 노동

2부 2장

이종태   두 분께서는 지난번에 이미 한국의 노동 시장과 노동 운동에 대해 잠시 언급하신 바 있는데, 오늘은 그 이야기를 본격적으로 해 봤으면 합니다. 물론 이 주제에 관한 한 두 분에게는 어느 정도 한계가 존재할 수 있습니다. 경제학자인 두 분이 노동 시장은 몰라도 노동 운동에까지 정통하기를 바란다면 제 욕심이겠죠.

그러나 두 분께서 그동안 한국 사회의 신자유주의적 변혁 과정을 선도적으로 비판해 오셨다는 점을 감안하면 노동 운동에 대해서도 반드시 발언하셔야 할 내용이 있을 겁니다. 신자유주의 개혁의 가장 큰 피해자는 노동자들이었고, 실제로 노동 운동의 대표적 슬로건 가운데 하나가 '신자유주의 반대'이니까요.

상당수 노동 운동가들은 운동의 대상으로 신자유주의의 구체적 형상이라고 할 수 있는 투기 자본과 함께 재벌을 꼽고 있는데, 여기에는 어느 정도 혼선이 존재하고 있는 것 같습니다. SK 그룹의 최태원 가문과 투기 자본 소버린 간의 싸움에서 일부 노동 운동 세력이 후자의 손을 들어주는 형태가 나타난 것이 그런 사례라 할 겁니다. 하지만 지금 노동 운동이 재벌과 신자유주의 모두를 운동의 대상으로 설정하고 있다는 것만은 분명합니다.

다만 최소한 이 중 어느 쪽이 현 정세의 틀을 근본적으로 규정하고 있는지에 대해서는 과학적인 인식이 필요할 것 같습니다. '80년대'식으로 말하자면 기본 모순과 주요 모순 정도는 구별해야 한다는 소리지요. 그래야 '최태원 가문 대 투기 자본' 같은 사건이 재발했을 때 노동 운동 세력이 합리적으로 대처할 수 있을 테니까요.

그리고 외환 위기 이후 정부와 자본이 줄기차게 주장해 온 노동 시장 유연성에 대해서도 문제를 제기하고 싶습니다. 제가 알기로 이른바 노동 시장 유연성이란 것은 두 가지로 분류할 수 있는데, 하나가 '수량적 유연성'이라면 다른 하나는 '기능적 유연성'이라고 할 수 있겠죠.

널리 알려져 있는 이야기지만, 수량적 유연성은 자본이 필요에 따라 노동자들을 자유롭게 고용하고 해고할 수 있는 정도를 나타내는 개념입니다. 그에 반해 기능적 유연성은 노동자가 여러 가지 직무를 수행할 수 있도록 다기능화 혹은 숙련화시킨 정도를 가리키는 개념이라고 할 수 있겠죠.

이 중 기능적 유연성은, 조금 무식한 비유일지 몰라도, 현대자동차의 경우라면 노동자들에게 소나타 만드는 기능만 체득시키는 것이 아니라 대형차인 그랜저, 중형차인 소나타, 준중형차인 아반떼, 레저용 차량인 산타페까지 모두 제작할 수 있도록 한다는 겁니다. 그 경우 자동차 시장에서 소나타에 대한 수요가 갑자기 떨어진다고 해도 소나타 라인의 노동자들을 해고하기보다는 산타페 라인으로 전환 배치하면 그만이니까요.

그러나 기능적 유연성이 낮고 수량적 유연성만 높은 경우엔 '소나타 수요 저하'라는 시장 변화에 자본은 소나타 라인의 노동자들을 해고하고 산타페 생산 기능을 체득한 노동자들을 새로 고용하는 식으로 대처할 겁니다.

그런데 지금까지 한국에서는 노동 시장 유연성이란 용어를 단지 수량적 유연성에만 제한해서 사용해 온 것 같습니다. 이 점은 보수나 진보나 모두 마찬가지였습니다. 어떻게 보면 정부와 자본이 어떤 노동 시장 유연성을 선호하는가에 따라 그 나라 자본주의의 운명이 뒤바뀔 수 있는데도 말이지요. 오늘은 여기서부터 이야기를 시작했으면 좋겠습니다.

중국이 한국의 미래가 될 수 있는가?

장하준   좋은 지적입니다. 한국에서는 '노동 시장 유연성'이라고 하면 곧바로 '수량적 유연성', 즉 '자본 측이 노동자들을 필요에 따라 마음대로 자를 수 있는 정도'만 가리키게 되어 버린 것 같습니다. 그런데 노동 시장에서 '수량적 유연성'보다 훨씬 중요한 것이 바로 '기능적 유연성'이거든요.

예컨대 일본의 경우 노동 시장이 수량적 유연성 측면에서 상당히 경직된 시장, 즉 노동자를 함부로 자를 수 없는 시스템임에도 불구하고 국제 경쟁에서는 뒤지지 않는 나라인데, 그 비결 중 하나가 바로 기능적 유연성에 있습니다. 일본 기업들은 내부 교육 시스템을 통해 노동자들이 여러 가지 기능(다기능)을 갖출 수 있도록 해 줍니다. 때문에 시장의 수요가 변화해 현재와 다르거나 더욱 개량된 제품을 생산해야 할 때 기존의 노동자들을 생산 라인만 바꿔서 그대로 재배치하는 방식으로 발 빠르게 대응할 수 있었던 겁니다. 그런 상황에서는 노동자들을 자를 필요가 없지요.

우리나라 사람들은 일본을 워낙 싫어하는 탓에 자꾸 깔보려 하지만, 일본은 사실 대단한 면이 있는 나라입니다. 생각해 보세요. 지난 1985년 플라자 합의에서 엔화가 달러에 대해 3배나 절상됐거든요. 오늘까지 미국에서 100달러에 팔리던 일본 제품의 가격이 하루 아침에 300달러로 뛰어오른 겁니다. 이래서야 어떤 수출 기업이 살아남을 수 있겠어요? 그러나 그런 상황을 이겨 낸 무서운 힘을 가진 나라가 일본입니다.

일본의 이런 무서운 힘 뒤에는 조금 전에 말씀드린 기능적 유연성이란 게 있습니다. 시장주의 이론으로 보자면 그런 상황에서는 망해야 하는데, 이 기능적 유연성 덕분에 한두 해도 아니고 30년, 40년 동안 단 한 명도 해고하지 않은 기업이 많을 정도니까요.

이런 노동 시장의 기능적 유연성이 일본에서 작동할 수 있었던 것은 역설적으로 수량적 유연성이 없었기 때문입니다. 수량적 유연성이 없기 때문에, 즉 일자리가 불안하지 않기 때문에, 기업 입장에서는 노동자에게 투자할 인센티브가 생기고, 노동자도 그 기업에서 필요로 하는 여러 가지 기술을 배우려는 인센티브를 가지게 된 거죠. 그에 비해 지금 우리나라에서 이야기하는 노동 시장 유연화는 수량적 유연성만을 겨냥한 것 아닙니까? 결국 우리나라는 로우-로드 전략*으로 가고 있는 거죠.

그와 관련 제가 가끔 이야기하는 사례가 영국과 독일의 섬유 산업입니다. 영국의 경우 섬유 산업의 발상지이자 선진국인데, 국제 경쟁이 치열해지자 저가격으로 버티겠다는 전략을 세우고 파키스탄이

---

* 로우-로드(Low-Road), 하이-로드(High-Road)는 각각 나름대로의 내용을 가진 기업 및 국민 경제의 발전 전략이다. 전자인 로우-로드에서 기업 및 국민 경제는 저임금, 노동 시장의 수량적 유연화 등을 통해 비숙련 노동자로 하여금 저부가가치 제품을 생산하고, 국제 시장에서는 저가격으로 승부한다.
그에 반해 하이-로드에서 기업 및 국민 경제는 고용 안정과 노사 신뢰에 기반해 종업원들이 자발적으로 숙련 기술을 익혀 고부가가치 상품을 생산하기를 기대한다. 일반적으로 영미식 주주 자본주의 모델은 단기간에 높은 수익을 거둬 주주들을 만족시켜야 하는 시스템이다. 그리고 이 시스템에서 단기간에 높은 수익을 거두는 가장 신속하고 확실한 방법은 노동자들을 줄여서 인건비를 삭감하는 것이다. 때문에 주주 자본주의 시스템은 로우-로드 전략으로 수렴되는 경향이 있다.
지금 한국에 수용되고 있는 노사 관계는 영미식 주주 자본주의 모델에 해당된다. 그에 반해 노사 화합과 노동자의 숙련 축적을 중시하는 하이-로드는 독일과 일본의 발전 전략이라고 할 수 있다.

나 인도 등지에서 노동자를 대량 수입합니다. 그 결과 지금은 다 망했어요. 왜, 영국에서 가끔 인종 폭동이 터지는 도시들 있잖습니까? 그 도시들이 원래 섬유 산업이 성했던 곳들입니다. 그런데 산업은 간데없고, 그 자리에 백인 노동자들과 외국인 노동자들만 남아 '저 놈들 때문에 우리 일자리가 사라졌다.'며 싸우고 있는 거죠. 그와 대조적으로 독일은 개발 도상국들과의 저임금 경쟁을 일찍 포기했어요. 그리고는 디자인에 투자하고, 숙련 노동자 키우고, 고급 섬유와 고기능 기계 개발하고, 자동화하고 해서 지금도 세계 5대 섬유 수출국 중 하나입니다.

정승일 그렇게 말씀하시니까 중국이 생각나는군요. 현재 정부나 자본은 중국이 값싼 임금으로 우리나라에 도전하고 있는 상황에서 임금 인상 투쟁이 말이 되느냐는 식인데, 그게 어떤 총체적·국민 경제적 비전을 가지고 이야기하는 것 같지가 않아요. 저기서 '2만 달러 시대로 가자.'고 하던 분들이 여기서는 노동 시장 유연성이니 어쩌니 하면서 비정규직 늘리고 중국의 저임금이나 강조하니 말이에요. 국민의 일부만 2만 달러로 가고, 나머지는 2000달러로 가자는 말인지….

경우에 따라서는 선진국을 좇아가자는 게 아니라 중국 수준으로 하향 평준화 하자는 이야기처럼 들리기도 해요. 왜, 재벌과 보수 언론들이 하향 평준화란 단어를 참 좋아하잖습니까? '노동 운동 세력이 강해지면 하향 평준화 현상이 일어난다.' 하는 식으로요. 그런데 지금 실제로 하향 평준화를 주장하는 것은 재벌과 보수 언론들인 셈이에요.

영국의 망국병은 노조가 아니었다!

이종태   너무 노조 편만 드시는 것 아닌가요? 조금 전에 말씀하신 보수 언론들이 노동 운동을 공격하면서 가장 많이 드는 사례가 영국의 '망국적 노동 운동'과 그것을 타도한 대처 수상인데, 읽다 보면 일리가 있다는 생각도 많이 들거든요.

정승일   우리나라 재계나 언론 쪽에서는 '영국이 강성 노조 때문에 망했다.'는 이야기를 많이 하죠. 마가렛 대처가 영국 경제를 위해서 좋은 일을 너무나 많이 했는데, 그 중에 가장 좋은 일은 노조를 약화시켜 영국 기업의 기(氣)를 살린 것이라는 투잖아요.

하지만 영국병의 가장 근본적인 원인은 이 나라 경제를 지배해 온 것이 금융 자본이라는 데서 찾아야 합니다. 예컨대 영국의 산업 자본(제조업) 입장에서는 파운드화가 약세인 것이 유리해요. 그만큼 자국 상품을 해외 시장에서 저렴하게 팔 수 있으니까요. 그러나 금융 자본은 파운드화에 대해 정반대의 입장이거든요.

그런 상황에서 금융 자본의 힘이 산업 자본보다 훨씬 강하다 보니 결국 파운드화도 영국 경제의 실력에 비해 지나치게 강세를 유지하게 된 겁니다. 그리고 그 결과 영국 제조업들은 국제 경쟁력을 유지할 수가 없게 된 것이고요. 더욱이 영국은 주주 이익의 극대화를 최우선시하는 주주 자본주의 시스템의 원조 아닙니까? 기업들이 주주에게 맹목적으로 충성하다 보니 계속 단기적 이익만 추구하게 됐고, 그 과정에서 장기적 투자나 기업 운영은 포기한 거죠. 영국병의 근본적인 원인은 바로 그겁니다.

장하준   물론 영국 노조들에도 문제가 없었던 것은 아닙니다. 산업의 역사가 워낙 오래되다 보니 직능 노조가 엄청나게 발달한 나라가 영국이에요. 한 사업장에 심지어 노조가 대여섯 개씩 있는 경우도 있을 정도니까요. 그러니 경영진 측에서 노조들과 겨우 협상을 마무리해도 사업장 내 노조 중 어느 한 곳에서 마음에 안 든다고 거부해 버리면 파업이 터지고 하는 일들이 많았던 거죠.
따라서 영국의 노동조합 구조에 문제가 많았던 것은 사실이라고 생각합니다. 1960~1970년대 강성 노조 지도자들의 '무조건 투쟁' 분위기도 문제였고요.
그러나 그런 일이 벌어지는 또 다른 이유는, 제가 언젠가 이야기했듯, 영국은 복지 시스템이 부실하기 때문에 노동 시장에서 한 번 떨어져 나가면 인생이 끝장난다는 인식이 노동자들 사이에 널리 퍼져 있기 때문입니다. 그러니 산업 로봇과 같은 신기술 도입한다고 하면 목숨 걸고 파업하는 거죠.

정승일 우리나라와 비교할 수 있겠군요. 한국의 경우 일본보다는 약하지만 기업별 노조 체계가 존재했고, 1997년까지 대기업 같은 사업장에서는 종신 고용에 대한 일종의 암묵적인 약속이 있었어요. 최근 영국의 로버자동차와 한국의 현대자동차를 비교했는데, 현대차의 로봇 도입률이 훨씬 높다는 연구 결과가 나온 것도 그 때문입니다.

현대자동차의 경우 아무리 노사 관계가 대립적이라 할지라도 50~60대까지 근무할 수 있다는 암묵적 약속 같은 게 있기 때문에 로봇 도입에 대한 노동자들의 저항이 적었다는 거죠. 또 로봇을 도입할 때도 로봇 때문에 일거리를 잃게 된 노동자들에 대해서는 회사 측에서 전직 훈련을 시킨 뒤 다른 라인에 배치해 줬습니다. 영국과는 달랐던 거죠.

그런데 1997년 외환 위기 직후 정부와 재벌, 언론이 합세해서 '고비용·저효율 경제 타도하자.'며 노동자들을 대폭 해고해 버렸잖아요? 당시 현대차도 그랬습니다. 30%인가 잘랐지요. 바로 그때 완전히 믿음이 깨졌다는 거예요. '내가 이 회사에서 평생 동안 일할 수 있을 줄 알았는데 그렇지 않더라. 이제는 장기적으로 이 회사를 위해 복무할 필요가 없다.'는 생각을 노동자들이 갖게 된 거지요. 회사 측에서도 노동자를 부려먹다 필요 없어지면 자르면 된다는 단기적인 시각을 가지게 된 거고요.

이런 상황에서 노동자들 생각이 어떻게 흘러가겠어요. 회사 경영 상태가 안 좋아지면 잘릴 수 있으니 근무하는 동안에 파업 많이 해서 노후 보장 대책을 마련해 놓자는 식이 된 거죠. 노동자 입장에서는 합리적인 선택이라고 볼 수도 있습니다.

장하준   앞으로 한국의 노조들도 점점 영국의 노조와 비슷하게 될지도 모르겠군요. 노조가 할 일은 회사가 어려워지거나 노동 시장이 더 불안해지기 전에 조금이라도 더 조합원들의 이익을 쟁취하는 것이 될 터이고, 그렇게 하려면 열심히 파업해서 임금 올리고 신기술 도입을 막아야겠죠.

의대 집중 현상을 누가 탓할 수 있는가?

이종태   그렇게 되면 결국 노동 운동 전체의 힘도 약해질 수밖에 없습니다. 노동조합 운동의 입장에서는 그 경우 여러 노동자들 간의 연대나 사회 개혁보다 '우리 노조 조합원들만의 이익'에 집착하게 될 수밖에 없는데, 이미 그런 징후가 많이 나타나고 있으니까요. 그렇지만 영국 이야기는 조금 있다가 집중적으로 모아서 했으면 좋겠습니다.

그동안 우리 경제계와 보수 언론들이 영국 경제 및 노사 관계를 워낙 많이 거론했는데, 그 과정에서 왜곡된 사실이 마치 진리인 것처럼 받아들여져 버린 분위기가 있으니까요. 특히 장 박사님께서는 영국 현지에 거주하시는 만큼 정확한 설명 부탁드립니다. 그러면 계속 한국의 노사 관계를 주제로 말씀들을 해 주시지요.

정승일   어느 정도 진보적인 성향의 노사 관계 연구자들도 비공식적인 자리에서는 한국의 노조들이 상당히 경직되어 있다고 말합니다. 예컨대 회사의 특정 사업 부문이 부진해서 이쪽의 노동자들을 다른 사업 부문으로 전환 배치를 해야 되는 경우가 있어요. 문제는 이런 전환 배치가 합리적인 경우에도 노동자들이 격렬하게 저항한다는 겁니다. 아까 이야기했던 대로 과거엔 일본 식으로 일종의 종신 고용제가 작동되었는데 지금은 불가능하고, 그렇다고 스웨덴처럼 사회보장과 적극적 노동 시장 정책*으로 전직이 잘 되는 것도 아니지 않습니까? 결국 고용 유지가 생존의 문제로 등장했기 때문에 목숨 걸고 저항할 수밖에 없는 거죠.

장하준   고용의 안정성이 약화되면서 우리나라 전체의 인력 수급 질서가 엄청나게 바뀌고 있어요. 요즘 우수한 학생은 모두 의대에 가려고 한다고 그러잖아요? 얼핏 생각하면 이런 현상은 말이 안 돼

---

* 국민 경제 내엔 언제나 성장 산업과 사양 산업이 있게 마련이다. 그리고 노동 시장의 측면에서 볼 때 전자에서는 노동에 대한 수요가 높지만, 후자에서는 노동자들이 퇴출당하게 된다. 이 경우 국가가 사양 산업의 퇴출 노동자에게 체계적인 직업 훈련을 시켜 성장 산업에 다시 취업시키는 방식으로 노동 시장에 적극 개입할 수 있다. 이 같은 메커니즘이 정상적으로 돌아간다면 퇴출 노동자는 물론 국민 경제 전체에 이익이 돌아가는 셈이다. 스웨덴이 이 같은 적극적 노동 시장 정책에 힘입어 복지 국가를 건설한 것으로 평가되고 있으며, 한국도 이 정책을 일부 채택하고 있으나, 아직 의미 있는 성과를 거두고 있는 것 같지는 않다.

요. 옛날에 비해 의사 수가 많이 늘어나는 바람에 요즘은 돈을 많이 못 버는 의사도 많다고 하잖습니까? 심지어는 망하는 의사도 있다고 하고….

그런데도 그토록 의대를 많이 가는 이유는, 공대 졸업해서 대기업 들어가 봤자 '사오정'이니 '삼팔선'이니 해서 30대, 40대에 잘리곤 하는데, 의사는 옛날보다 못하다고는 하지만 적어도 밥 먹고 사는 데는 지장 없고, 실업자 될 위험도 없기 때문 아닌가요? 과거에는 의사들이 지금보다 더 많은 돈을 벌었지만, 공대의 인기도 높았어요. 그런데 이젠 공대가 불안한 거예요. 그러니까 무조건 의대만 가려는 거고.

물론 우리나라는 아직 의사 수를 많이 늘려야 합니다. 의료 혜택 못 받는 지역이 아직도 많잖아요. 그러나 우수 인력이 여러 분야로 폭넓게 퍼져야 하는데, 요즘은 의사 같은 '밥 먹는 데 지장 없고, 실업자 될 위험 없는' 부문으로만 지나치게 몰리는 경향이 있어요. 외환 위기 이후의 현상이죠.

이런 현상이 바로 우리 국민들이 알게 모르게 느낀 '세상 돌아가는 이치'의 결과란 말입니다. 공대 가 봤자 외환 위기 같은 경제 위기 터지니까 제일 먼저, 그것도 엄청나게 잘리더라는 겁니다. 당시 잘린 분들 중에서는 지금 일본의 작은 연구소에 가서 임시적으로 일하고 있는 사람들도 많다고 합니다. 모두 노동 시장 불안 때문에 생긴 현상이죠.

여전히 맹위를 떨치는 일본 식 종신 고용제

이종태   말씀들을 듣다 보니 한국에서 임금 노동 부문에 대한 신뢰, 즉 기업에 들어가 월급을 받으면서 평생 먹고 살 수 있다는 믿음이 사라지고 있다는 느낌이 드는군요. 그러나 이런 현상은 세계적 추세 아닐까요? 아까 장 박사님께서 일본의 기능적 유연성 이야기를 하셨습니다만, 일본의 종신 고용 제도도 1997년 동아시아 위기 이후 거의 폐지된 것으로 알고 있습니다.

정승일   글쎄요. 최근 KDI(한국개발연구원)에서 국제 경쟁력 심포지엄을 했는데, 한국·중국·일본에 대한 재미있는 비교 연구 결과가 많이 발표되었어요. 거기서 세계은행과 하버드 대학 소속 연구자가 공통적으로 일본에서는 아직 종신 고용 제도가 무너지지 않았다고 주장하더군요. 비정규직도 우리나라처럼 심각하게 늘어난 것이 아니고, 비정규직에 대한 차별도 그리 심하지 않다는 겁니다.
그리고 최근 일본의 노무라 경제연구소에서 일본 기업 500곳을 두 부류로 나눠 설문 조사를 했답니다. 하나는 동아시아 위기 이후 미국 식 주주 자본주의를 본격 도입한 기업들이고, 다른 하나는 종신 고용제 등 일본의 고유한 기업 모델을 보존하고 있는 기업들이었는데, 전자의 대표적 기업이 소니라면, 후자의 대표적 기업은 도요타와 캐논이었어요.
그런데 전자보다 후자의 경영 상태가 훨씬 낫더라는 겁니다. 소니는 한국의 삼성에게 밀리고 있는데, 도요타와 캐논은 지금도 굉장히 잘 나가고 있더라는 거죠.

2004년 이후 일본의 제조업이 부활하고 있다는 이야기가 부쩍 많이 들리고 있는데, 그 이유는 일본 기업들이 지난 장기 불황 중에도 R&D(연구개발) 투자를 엄청나게 했고, 노동자들을 함부로 자르지 않았다는 데에 있을 겁니다.

그동안의 R&D 성과가 이 같은 기업 정책을 통해 충성도 높은 노동자와 결합되면서 일본 경제를 다시 살리고 있는 거 아닐까요? 이렇게 노사 간에 신뢰가 형성되어 있으니까 전환 배치도 원활하게 이루어지고, 그에 따라 생산성도 올라갈 수 있는 것이고요. 주주 자본주의 시스템으로는 불가능한 이야기입니다.

일본 이야기를 조금만 더하면, 1980년대 중반 이후 엔화가 대폭 절상되면서 일본에서 생산한 제품의 국제 가격이 엄청나게 올랐잖아요. 그래서 상당히 많은 일본 기업들이 동남아시아로 이전했습니다. 그런데 요즘에는 오히려 일본 기업들은 동남아 진출을 자제하는 추세라고 해요. 제품의 질이 떨어지기 때문이랍니다. 소니가 말레이시아에 가서 만든 제품은 어디까지나 '메이드 인 말레이시아'지 '메이드 인 재팬'은 아니더라는 거죠.

장하준 영국 같은 데서 봐도 소비자들이 제조처를 확인합니다. '메이드 인 재팬'이면 아무리 비싸도 사지만, '메이드 인 말레이시아'는 안 산다는 거죠.

정승일   그럼요. '메이드 인 코리아'인 삼성 제품은 사지만 '메이드 인 말레이시아'인 소니 제품은 사지 않아요. 우리나라도 2만 달러 시대로 가려면 이런 일본의 경험에서 미리 배워야 합니다. 물론 일부 사양 산업이 중국으로 가는 건 어쩔 수 없겠지만, 그게 대안은 아니라는 거죠. 지금 당장 급하다고 모두 중국으로 몰리면 이후 한국의 산업은 어떻게 되겠어요? 국내 산업을 고부가가치화해서 '메이드 인 코리아'의 인지도를 높여야 합니다. 싼 가격으로 경쟁할 것이 아니라 '메이드 인 코리아'의 한국 제품이 '메이드 인 차이나'의 일본 제품보다 비싸도 더 잘 팔리게 해야 한다는 겁니다.

장하준   아까 영국 섬유 산업의 사례를 들었듯이 쉬운 길은 잠깐은 괜찮은 것 같지만 결국 망하게 되어 있거든요. 중국으로 생산 기지를 옮기고, 외국인 노동자들을 수입하는 전략은 단기적으로 우리 경제에 유리할 수도 있겠지요. 산업을 업그레이드하는 데는 상당한 시간이 걸리니까요. 그러나 이런 단기적 처방에만 의존하다간 결국 업그레이드를 못해서 뒤처질 수밖에 없습니다.

외국 자본이 스웨덴에 몰려드는 이유는?

이종태   원래 주제가 노동 시장 유연성, 그 중에서도 기능적 유연성에 대한 것이었는데, 선생님들께서 풍부한 사례를 들며 설명하시는 바람에 너무 옆길로 새버렸다는 생각이 듭니다. 그럼 다시 원래의 주제로 돌아가죠. 지금까지 정 박사님 이야기는 일본 경제의 힘이 주로 노동 시장의 기능적 유연성, 즉 고용 안정과 숙련 노동에 기반하고 있다는 것으로 요약할 수 있겠는데, 다른 나라는 어떻습니까?

정승일   일본 이외에 기능적 유연성이 잘 작동되는 나라로는 스웨덴과 핀란드를 들 수 있겠습니다. 이 나라들의 경우 노동자가 회사에서 잘려도 국가가 사회보장 시스템을 통해 생계를 보장해 주면서 다른 기업에 취업할 수 있도록 기술 교육 훈련을 시켜 주는 제도가 잘 정착되어 있어요. 이에 더해 대학 교육까지 무료로 제공되잖아요? 사양 산업에 종사하는 노동자들이 국가의 지원으로 재교육을 받은 뒤 다른 부문의 성장 산업으로 옮겨 가는 과정이 아주 순조롭게 진행될 수 있는 거죠. 노동과 자본과 국가의 윈-윈 게임입니다. 물론 국가에서 지원하는 몫이 상당히 크기 때문에 한국에서라면 좌파니 반시장이니 말하는 분들이 분명히 있을 겁니다. 그러나 재미있는 것은 이른바 '국가 경쟁력 순위' 같은 걸 내면 이 나라들은 거의 언제나 최상위권이에요. 사회보장 제도가 노동 시장의 기능적 유연성과 그에 바탕한 국민 경제의 경쟁력을 떠받쳐 주고 있는 겁니다.

특히 핀란드는 국가 경쟁력 조사에서 1위를 차지하는 경우가 많은데, 그 핀란드의 현직 노동부 장관이 얼마전 KBS에 출연해서 이런 말을 한 적이 있습니다. '우리는 자유 시장 경제를 믿지 않는다. 핀란드는 일종의 사회주의적인 시장 경제 시스템이다.'•라고요. 그리고 주주 자본주의의 전도사인 미국에서도 국제 경쟁력이 필요한 주요 산업들에서는 종업원들을 함부로 자르지 않습니다. 예를 들어 미국이 세계적으로 경쟁 우위를 가지고 있는 업종이 방위 산업인데, 이 부문에 보잉이라는 기업 있잖습니까? 보잉사의 경우 분명히 주식 시장에 상장되어 있긴 합니다만, 이 회사를 주주 자본주의 식으로 경영하면서 R&D 투자 줄이고 노동자들 함부로 자르고 하다 보면 지금의 사세를 유지하기 어렵습니다. 그리고 그에 비례해 미국의 군사력까지 약화될 가능성이 커지고요. 따라서 미국에서도 국가적으로 주요한 업체들에 대해서는 사실상 주주 자본주의적 경영이 면제되고 있다고 봐야 합니다. 이런 조건을 기반으로 이 회사들은 주주 자본주의 원리와 반대되는 장기적 투자와 기술 혁신 투자를 과감하게 추진할 수 있는 거죠.

장하준　미국에는 산업 정책 따위가 없을 거라고 생각하는 분들이 많더군요. 사실과는 완전히 다릅니다. 정 박사님이 언급하신 그런

• 여기서 '자유 시장 경제'는 일종의 시장 근본주의로, '시장이 모든 자원과 재화를 가장 효율적인 상태로 조절하는 유일한 기제'이므로 국가가 시장에 개입하지 않을 때 경제가 최선의 방향으로 굴러갈 수 있다는 것을 의미한다. 예컨대 사양 산업에서 실업자가 다수 발생해도 (노동) 시장의 자동 조절 기능에 따라 적절한 가격(임금)으로 다른 산업에 고용될 것이므로 국가가 개입해서는 안 된다는 것이다. 이에 비해 '사회주의적인 시장 경제'란 용어는 일반적으로 시장과 공공성을 조화시킬 수 있다는 가정 하에 국가의 적극적인 시장 개입을 긍정하는 입장을 가리킨다.

기업에 대해서는 미국 정부가 엄청난 규모의 R&D 투자를 지원합니다. 기업에 따라서는 전체 R&D 투자의 50~60%, 경우에 따라서는 70%까지 정부에서 지원한 사례가 있을 정도입니다. 한국은 20% 전후를 넘어가지 못하지만요.

정승일   보잉사가 스스로 주주 자본주의 식으로 경영하려 해도 정부에서 알아서 투자해 주는 겁니다. 사실상 도와주는 것이고요.
다시 노동 시장 유연성 문제로 돌아가면, 보잉사에서 만드는 제품인 비행기는 대당 가격이 수억 달러짜리예요. 그걸 조립하는 노동자들이니 고도로 숙련된 기술을 갖추었겠죠. 그러니 어떻게 마음대로 자를 수 있겠어요? 때문에 보잉사 같은 기업에서 일하는 노동자들은 대다수가 사실상 종신 고용인 것으로 알고 있습니다. 국가가 사회보장 해 주고 기업에서 대학을 만들어 기술 교육까지 시켜 주는 거죠. 물론 보잉사는 조금 극단적인 사례이기는 하지만, 고부가가치 기업으로 갈수록 이렇게 수량적 유연성은 줄이고 기능적 유연성은 높여야 유지할 수 있는 겁니다.

장하준   정 박사님 말씀처럼, 노동 시장 유연성의 천국으로 알려진 미국에서도 숙련 노동자가 필요한 자동차 산업 등에서는 노조가 굉장히 강합니다. 해고하기도 힘들고요. 설사 해고를 한다 해도 2~3년치 상당의 봉급과 함께 얼마 동안 의료보험료까지 회사에서 내줘야 합니다.

세계화가 진행될수록 숙련 노동자는 점점 더 중요해집니다. 왜냐하면 다른 인력들은 국경을 넘어 쉽게 이동할 수 있지만 숙련 노동자는 그게 어렵거든요.

예컨대 경영자나 단순직 노동자는 다른 나라에서 쉽게 불러올 수 있고, 실제 우리 주변에서도 그런 사례는 어렵지 않게 찾아볼 수 있어요. 그러나 숙련 노동자들은 그들이 익힌 숙련 기술 자체가 그 나라의 언어, 산업 및 지역 환경, 제도 등에 뿌리박고 있는 대단히 특수한 것이기 때문에 다른 나라로 이동하는 것이 거의 불가능합니다. 예컨대 현대자동차 노동자에게 훨씬 더 많은 임금을 주고 BMW 공장에서 일하도록 한다고 해서 그 사람이 BMW를 만들 수 있는 건 아니에요.

심지어는 숙련 노동자의 질에 따라 그 나라의 국가 경쟁력이 결정된다고도 말할 수 있습니다. 산업마다 조금씩 차이가 있겠지만 어떻게 보면 선진국과 후진국의 가장 큰 차이는 노동자의 질(質)입니다. 이론적으로만 본다면 우리나라에서 왜 벤츠 같은 자동차를 못 만들겠어요? 다 기계로 하는 건데…. 그 이유가 바로 벤츠를 만드는 기계에 체화될 수 없는 종업원들의 '암묵적 지식' 때문이란 말입니다.

우리가 유명한 요리사한테 요리를 배운다고 칩시다. 설명 한 번 듣는다고 요리를 잘 만들 수 있겠어요? 그렇지 않잖아요? 매일 그 요리사에게 가서 수련을 하며 암묵적 지식을 익혀야 하는 겁니다. 이게 하루아침에 되는 게 아니에요. 그렇기 때문에 이런 암묵적 지식을 가진 숙련 노동자들이 제일 무서운 경쟁의 무기라는 겁니다.

노동자에게 실력이 없으면 기계를 사들여 와도 돌릴 수가 없어요. 어느 정도의 실력을 쌓은 뒤에 기계를 도입해 오면 당장 가동해서 고부가가치 제품을 만들 수 있겠지만요. 따라서 우리나라에서 벤츠 같은 자동차를 만들 수 없는 이유는 노동자들의 암묵적 지식이 독일보다 떨어지기 때문이라고도 할 수 있습니다.

정승일   아주 재미있는 사례가 있습니다. 스웨덴이 의외로 외국 기업들에게 인기를 끄는 나라거든요. '의외로'라는 표현을 사용한 이유가 있는데, 이 스웨덴이란 국가가, 우리나라 보수층 논리를 빌면, 기업하기 어렵게 만드는 '빨갱이 나라'란 말입니다. 임금 높죠, 노동조합 강하죠, 행정부는 사회민주당에 장악되어 누진세로 따지면 소득의 60%까지 긁어 갈 정도로 부자들을 괴롭히는 식이니까요. 이런 나라니까 외국 자본이 안 들어갈 것 같죠? 아닙니다. 외국 자본들이 기꺼이 들어온다는 겁니다. 그것도 악착같이.

그렇다면 외국 자본들이 스웨덴의 시장을 보고 이러는 걸까요? 아닙니다. 스웨덴은 시장 규모가 작은 나라예요. 인구가 남한의 4분의 1 정도에 불과하잖아요. 외국 자본이 노리는 것은 오히려 스웨덴의 기술 하부 구조입니다. 외국 자본이 탐내는 것은 스웨덴의 우수한 사회보장 제도와 무료로 제공되는 기술 훈련 시스템, 그에 따라 숙련된 현장 노동자들과 대학 교육을 받은 엔지니어들, 그리고 노동조합 전국 조직과 경영자 전국 조직 간에 유지되는 산업 평화라는 겁니다. 이런 사람들과 환경이 스웨덴에만 존재하는데, 그런 환경에서 그런 사람들을 고용해야만 생산할 수 있는 제품들이 있거든요. 심지어는 영국 기업들 중에서도 IT 부문에 투자하려 한다거나 할 때는 저세율과 저임금의 영국이 아니라 일부러 스웨덴을 선택하는 경우가 많을 정도입니다.

우리나라도 국내 시장이 큰 것도 아니고, 가진 건 인적 자원밖에 없는 나라 아닙니까? 그렇다면 우리가 갖고 있는 인적 자원을 최대한 활용할 수 있는 방향으로 미래를 설계해야겠죠.

보수 언론이 지어낸 대처리즘이라는 허구

이종태   오늘 토론은 마치 세계 경제 비교연구회 같군요. 이쯤에서 장하준 박사님께서 영국 경제에 대해 집중적으로 말씀해 주셨으면 합니다. 물론 오늘 주제가 노동인 만큼 영국의 노동 제도와 관련해서 이야기해 주시면 좋겠습니다.

정승일   잠깐 끼어들어 말씀드리자면, 영국을 먹여 살리는 것은 금융 산업과 영어, 전 세계에서 오는 관광객밖에 없다고 비아냥거리는 분들도 많더군요.

장하준   그래도 석유화학과 제약 부문은 아직 강한 편이죠. 어쨌든 옛날에 영국병이란 것이 있어서 노조들이 수백 일씩 파업을 하곤

했고, 그래서 영국 경제가 망했다는 내용인데, 이 같은 설명은 사실 너무나 피상적입니다. 기본적으로 노동자들에 대한 사회적 안전망이 없기 때문에 더 이상 물러날 곳이 없는 노동자들이 필사적으로 저항한 측면이 도외시되어 있으니까요.

게다가 보다 큰 차원에서 보면 금융 중심의 경제 시스템으로 인해 기업들이 생산성을 높이기 위한 지속적인 투자에 실패하면서 장기적인 경쟁력을 확보하지 못했기 때문에 생존을 위해서는 저임금에 의존할 수밖에 없었다는 데에 영국 경제의 비극이 있는 겁니다. 경제를 임금 수준에만 의존시키다 보니 노사 관계가 턱없이 중요하게 된 거죠. 노동자들이 말을 잘 듣지 않으면, 그래서 임금 수준이 높아지면 세계 시장에서 경쟁할 수 있는 다른 수단이 없으니까요.

그러니 기업 입장에서는 저임금으로 노동자들을 쥐어짜지 않으면 안 되고, 노동자들 입장에서는 기업의 미래 전망이 보이지 않으니 '큰일 나기 전에 받을 만큼 받자.'는 생각을 하지 않을 수 없고…. 이런 상반된 이해관계가 첨예하게 대립했던 겁니다. 이런 전체적인 구도에서 영국병이란 것을 봐야 하는데 단순히 '노조가 강하면 나라가 망한다.'는 이야기만 하고 있으면 안 되겠죠.

만일 그렇다면 노동조합 조직률이 80~90%에 이르는 스웨덴, 핀란드는 진작 망해야 하는 것 아닌가요? 일본도 1950년대부터 고성장을 시작했는데, 그때 이 나라 노조가 엄청나게 강성이었어요. 어떤 대기업에서는 300일 동안 파업이 지속되었다는 기록도 있을 정도니까요. 그런데도 일본 경제는 엄청나게 성장했거든요. 무슨 말인가

하면, 강성 노조가 있다고 반드시 경제 성장이 불가능한 것은 아니라는 이야기죠.

결국 중요한 것은 '노조가 강성이냐 아니냐.'가 아니라 어떻게 노사 관계를 조절하면 노사 평화를 정착시키고, 사회적인 화합을 이루어내며, 그것을 통해 우리 경제의 생산성을 장기적으로 향상시키면서 업그레이드시킬 것인가를 고민해야 한다는 겁니다. 우리나라 조건에서 어떤 식으로 노동자들의 에너지를 끌어 내야 우리가 다 같이 골고루 잘 사는 나라가 될 수 있는지 모색해야 한다는 거죠.

이종태   그러나 그 영국병을 치유한 것이 대처 전 수상이라고 합니다. 장 박사님께서 방금 말씀하신 대안과는 정반대의 방법으로 말입니다. 이제 대처의 경제 개혁과 그 결과에 대해 잠깐 논평해 주시죠.

장하준   영국이 1950년대부터 1980년대까지 경제 성장률이 1인당 2% 안팎이었거든요. 그런 상황에서 1980년대에 대처가 등장해 여러 가지 일을 하잖아요. 신자유주의의 잔 다르크죠. 그런데 그 효과가 나타난 것으로 추정할 수 있는 1990년대의 평균 경제 성장률이 2.2%입니다. 변한 게 없어요.

대처를 영웅이라고 주장하는 분들은 주로 영국병의 핵심을 노동조합으로 간주하던 사람들인데, 대처가 노동조합의 기(氣) 하나는 확실히 꺾어 놓았으니 좋아졌다고 하는 거죠. 실제 통계 수치를 보면 영국 경제가 근본적으로 나아진 점은 없습니다. 그런데도 순진한 우리나라 언론들은, 물론 순진해서 그런 건지 아니면 다른 의도가 있어서 그런 건지는 모르겠지만, '대처 덕분에 영국 경제가 죽다 살아났다.'며 감동하는데, 사실 '대처 = 잔 다르크'론은 그야말로 영미 계통 보수 언론들이 만들어 낸 이야깁니다. 통계 수치상으로 입증이 되지 않으니까요.

물론 1970년대 후반 당시 영국에는 파업이 엄청났어요. 미화원 파업으로 길거리에 쓰레기가 쌓여 있고, 일주일에 3일 근무하고 그러던 시절이었으니까요. 주로 이 시기와 비교하니까 대처 시절의 영국 경제가 좋아 보이는 거예요. 예컨대 한국의 2003년 경제 성장률이 3.1%에 그쳐 말이 많았는데, 이 수치를 1998년의 마이너스 6%와 비교하면 무려 10% 가까이 상승한 게 되는 것 아닙니까? 그런 식으로 비교를 하면 안 되죠.

또 대처가 공기업 민영화에서 성공했다고 말하는 분들이 꽤 많은데, 거기에도 어폐가 있습니다. 성공한 것도 있고 실패한 것도 있다고 해야죠. 특히 철도 등 상당수 공기업의 민영화는 실패도 보통 실패가 아닙니다.

정승일 유럽에서 철도 시설이 가장 뒤진 나라가 영국이에요.

장하준 수도나 가스 부문에서도 민영화 이후 소비자들이 상당한 피해를 입고 있는 것으로 평가되고 있어요. 통신 부문도 마찬가지입니다. 영국의 전화 서비스는 한국과 비교할 수 없을 정도로 수준이 낮아요. 고속 인터넷 깔려면 3주일씩 기다려야 하고, 질도 형편없습니다.

따라서 영국에서 우리가 정말 얻어야 할 교훈은, 공기업 민영화를 했더니 단기적으로 큰 수익을 얻으려 할 뿐 설비 투자는 기피하는 경향이 매우 뚜렷하게 나타나더라는 거예요. 하지만 공기업이 뭡니까? 시민들의 생활에 필수 불가결한 서비스, 즉 교통, 에너지, 물, 통신 등을 책임지는 업체 아닙니까? 때문에 공기업 활동의 가장 중요한 목표 중 하나가 공공성이고요. 그런데 이 공기업들이 민영화되어 주주 이익 극대화라는 주주 자본주의 원리에 매몰되면서 공공성이 무너질 수밖에 없게 된 거예요. 그리고 그런 상황에서 가장 큰 피해를 입는 것이 서민층이고요.

예컨대 민영화 이후 영국 철도의 경우만 봐도 그래요. 사실 주주들 입장에서는 승차 요금 올리고 설비 투자는 하지 않는 것이 단기적 이익을 최대화할 수 있는 방법이겠지요. 실제로도 그렇게 했고요. 그래서 어떻게 됐나요? 걸핏하면 열차 사고로 인명 피해가 발생하고, 낙후된 설비 투자로 말미암아 연발착이 일상화되었잖아요? 여행 다니다 보게 되는, 전광판에 나타나는 열차 도착 - 출발 표시 있잖습니까? 그게 10개쯤 나타나 있으면, 그 중 5개가 취소 아니면 연발이나 연착을 알리는 내용일 정도입니다.

황폐화된 영국 제조업의 상징, 맨체스터

이종태   영국 출신의 진보적 영화 감독인 켄 로치의 작품을 감상하다 보면 '그래도 영국은 선진국인데, 이 양반이 좀 심한 것 아닌가.' 하는 생각이 들 정도로 노동자들의 생활이 힘겹게 표현되더군요.

정승일   얼마 전에 GM대우자동차 엔지니어들을 인터뷰하다 재미있는 이야기를 들었어요. 1994년에 대우가 세계 경영을 하면서 영국의 대형 자동차 연구소 한 곳을 인수해요. 거기서 마티즈, 라노스, 레간자를 설계하느라 대우 엔지니어들을 파견했던 거죠. 얼핏 생각하기엔 개발 도상국인 한국의 자동차 업체가 영국 연구소를 인수한 경우니까 기존 영국인 직원들이 많이 사직했을 것 같죠? 아무래도 임금도 줄어들 가능성이 컸을 테니까요. 그런데 그렇지 않았어요. 오히려 영국 엔지니어들의 임금 수준이 대우 직원들보다 낮아서 거의 대다수가 남았다는 겁니다. 물론 최고급 엔지니어들은 빠져나갔지만 말입니다. 결국 대우가 인수한 연구소에서는 기존 영국인 직원 700명 정도가 이전보다 더 높은 임금을 받으며 일하게 됐다고 해요.

장하준   대처 이후에 영국의 소득 분배가 매우 악화됐어요. 옥스퍼드 대학의 한 교수가 내놓은 자료를 보면, 영국의 소득 분포 최상위 1%가 차지하는 소득 비율이 1975년엔 5.37%였는데 1998년엔

9.57%로 상승합니다. 불평등이 심화된 거죠. 물론 수시로 100만 달러, 200만 달러씩 버는 영국의 최상층들에게는 세상이 정말 좋아진 거죠. 그러나 이렇게 불평등이 심화되는 과정에서 무수한 제조업이 황폐해졌습니다.

영국에는 특히 기업 도시, 즉 기업 하나가 전 지역을 먹여 살리는 도시가 많은데 이런 곳들이 무수히 슬럼화되어 버린 거예요. 맨체스터 같은 지역에 가 보면 정말 심각합니다.

정승일   한국에서 영어 교사를 하는 영국인들도 많아요. 그런데 그 중 상당수가 공대 출신이더라고요. 그래서 '너는 공대 출신이 왜 한국에서 영어나 가르치고 있느냐.'고 물어보면 '영국에는 일자리가 없다.'는 겁니다. 게다가 영국의 경우 공대를 나와 평생을 엔지니어로 늙어 봤자 별로 희망이 없다는 거예요. 우리나라에서도 얼마 전부터 공대의 인기가 바닥을 기고 있는데, 한국의 경제 시스템이 영국 식으로 가고 있다는 징후로 보여 걱정될 때가 많습니다.

이 같은 영국 엔지니어들의 조락은 결국 영국 제조업 쇠퇴의 징후인 셈입니다. 그리고 제조업이 이 모양이니까 영국이라는 사회가 전반적으로 활력이 없어진 거죠. 아까 장 박사님께서 말씀하신 대로 영국을 먹여 살리는 산업이란 게 고작 석유화학, 제약, 금융 정도입니다. 그리고 영어죠. 영어를 배우러 외국인들이 영국에 오는 경우도 많지만, 영국인들도 영어를 가르치러 전 세계로 나가면서 영어가 주요 산업이 된 셈이죠.

또 하나 재미있는 사실은, 1980년대 중반 이후 영국에서 제약업과 생명공학이 급속히 발전했거든요. 그 성과 중의 하나가 복제양 돌리라고 할 수 있습니다.

어떤 분들은 이 점을 들어 영국 식 경제 시스템을 찬양하기도 하지만, 글쎄요, 제가 보기로는 영국 제약업 및 생명공학의 발전은 영국이 신자유주의적 기조로 '생명 윤리'와 관련된 규제들을 모두 풀어 버렸다는 데에 있어요. 독일의 경우 영국과 대등하거나 더 뛰어난 생명공학 기술을 보유하고 있어도 윤리적 이유로 유전자 조작을 금지하는데다 환경 운동이 상당히 강하기 때문에 돌리를 '제조'할 수 없었던 거죠.

장하준   그런 탈규제의 양지(陽地)가 돌리라면, 물론 정말 양지인지도 잘 모르겠지만, 음지(陰地)라고 할 수 있는 것이 바로 광우병이죠. 광우병은 영국에서 시작된 건데, 그 원인이 축산업 규제가 약화되면서 동물의 뼈를 초식 동물인 소에게 먹이는 것이 허용되었기 때문이라고 하거든요.

정승일   대처 시절에 다 풀어 버린 거죠. 최근 한국의 만두 파동도 비슷한 맥락입니다. 1997년 외환 위기 이전까지는 한국에서도 식품 안전법 관련 규정이 상당히 엄격했어요.

그런데 외환 위기 당시 IMF의 구제 금융 조건에 따른 개혁이 진행되면서 상당수의 환경 및 먹거리 관련 규제들이 풀립니다. 기업들이 알아서 해야 한다는 맥락에서 그런 건데, 그 때문에 사고가 발생하는 것 같아요.

장하준   그게 바로 신자유주의의 기본 정신과 통하는 거예요. 단기주의! 그냥 우선 쉬운 것을 하는 거죠. 축산업 규제 풀어 주면 고기를 싸게 먹을 수 있을 것 같았는데, 이후엔 결국 광우병으로 돌아오는 겁니다.

공기업인 철도 산업을 민영화한 뒤에 투자를 안 하고 수익률 높인 건 좋았는데, 10년쯤 지나니까 열차 사고가 빈발하잖아요. 이렇게 단기 수익 올리려고 노조 탄압하고 해외에서 저임금 노동자 수입하다 보면 당장엔 기업이 살아날 것 같은데, 장기적으로는 업그레이드를 못하게 됩니다. 결국 망하는 거죠.

정승일   최근 한국에서도 고속철도가 개통됐습니다. 그런데 영국엔 고속철도가 없어요. 왜냐하면 철도 산업이 민영화되어 버린 탓에 투자가 안 이루어지기 때문이죠.

우리나라는 철도 산업이 그나마 정부 산하에 있으니까 대규모 투자가 가능했고, 심지어 프랑스 기술을 이전 받아 독자 기술을 개발하려고까지 하잖아요.

사실 독자 기술 개발이라는 게 말은 쉬워 보이지만 실제로는 엄청난 투자를 해도 당장은 수익을 기대할 수는 없는 그런 사업이에요. 우리나라가 만일 영국 식으로 철도 민영화를 완전히 했다면 고속철도는 건설하지 못했거나, 설사 건설했다 하더라도 사고 발생률이 엄청났을 겁니다.

노동 운동의 주적은 세계화된 금융 자본

이종태   잘 들었습니다. 이제 노동 운동 쪽으로 이야기를 돌렸으면 합니다. 우선 진행 발언 격으로 조금 말씀을 드리겠는데, 제가 요즘 들은 바에 따르면 어느 정도 안정된 고용 조건을 누리고 있는 대공장 노동자들 간에도 갈등이 심하다는군요. 고용 유지를 위한 아비규환이 벌어지고 있다는 겁니다. '잘리기 전에 한 푼이라도 더 챙겨야 한다.'는 노동자판 '단기 실리주의'가 판치고, 동료들 사이에서도 자기 부서로 물량을 더 가져가려는 경쟁이 벌어지고 있을 정도랍니다.

한국의 자본이 단기 수익주의에 눈 먼 결과가 저투자 현상이라면, 노동자들의 단기 실리주의는 하나의 거대한 이익 집단이랄 수 있는 노동자 계급을 해체 중이라고나 할까요. 아무튼 이런 현상이 재벌들이 경영하는 대공장에서 발생하고 있는데, 재벌은 그동안 노동 시장 유연화를 가장 끈질기게 주장해 온 집단이기도 합니다. 그런 만큼 노동 운동과 재벌의 관계에 대해 조금 더 자세히 말씀해 주셨으면 합니다.

정승일   외환 위기 이후 노동 시장 유연화가 진행되면서 노사 대립이 더욱 격렬해지고, 그 때문에 국가적인 손실까지 발생하고 있습니다. 그런데 노동자들 입장에서는 사회보장 제도도 변변찮은 상황에서 해고란 죽으라는 이야기나 마찬가지니까 목숨 걸고 저항할 수밖에 없어요. 궁극적인 책임은 자본 측에 있는 거죠. 그래서 재벌에게 공격이 집중되고 있습니다만, 노동 운동은 전체적인 방향을 보고 투쟁 노선을 결정해야 한다고 생각합니다.

지금까지 여러 차례 말씀드린 바 있지만, 우리 경제가 시장 근본주의에 물들어 주주 자본주의 쪽으로 가고 있으니까 이런 일이 발생하고 있는 것 아닙니까?

물론 재벌을 규탄하는 것은 당연한 일입니다. 게다가 재벌은 인격체로 눈에 보이는 존재이기 때문에 공격하기도 쉽고요. 그러나 문제는 시장 근본주의예요. 직접적인 원인인 시장 근본주의는 인격체가 아닌 관계로 공격하기가 힘들 거든요.

장하준   물론 시장 근본주의는 인격체가 아니죠. 그러나 한국 경제가 시장 근본주의 쪽으로 이만큼 오는 과정의 배후엔 무슨무슨 외국 기업이니 펀드니 하는 개별적 주체들이 분명히 존재하기는 합니다. 문제는 이 개별적 주체들을 자세히 조사해야 어떤 인물인지 정도를 간신히 알아낼 수 있다는 점입니다.

가령 제일은행을 인수한 뉴브리지 캐피털이나 소버린 등 해외 투기 자본의 사장 이름을 알거나 사진을 본 사람이 흔한가요? 반면에 재벌은, 가령 삼성의 이건희 회장이라면 밤낮으로 TV에 등장하고, 아들이 누구고 며느리가 누구고 하는 것까지 구체적으로 드러나잖아요?

정승일 한국 노동 운동의 가장 큰 착각 중 하나는 반재벌 투쟁과 반신자유주의 투쟁이 함께 갈 수 있는 것으로 생각한다는 겁니다. 둘 다 '노동자의 적'이라고 생각하니까 재벌과 신자유주의를 '같은 편'으로 간주하는 것 같아요. 그러나 재벌을 타도한다고 노동 시장 유연화가 극복되고 신자유주의를 저지할 수 있는 걸까요? 그렇지 않다고 생각합니다.

민영화된 포스코를 보세요. 포스코는 재벌의 지배 하에 있는 기업이 아닌데도 아직 제대로 된 노조가 없습니다. 그리고 포스코 정규직 노동자들은 괜찮은 대우를 받고 있지만, 하청 업체들과 거기에 종사하는 노동자들은 포스코가 하청 단가를 대폭 내리는 바람에 엄청난 고생을 하고 있어요. 재벌이 아닌데도 불구하고 노동 문제가 광범위하게 나타나고 있는 겁니다.

여기서 우리가 주목할 점은 포스코가 '주주 가치에 따른 경영', 즉 주주 자본주의적인 경영을 슬로건으로 내걸고 있다는 사실이에요. 제 이야기는 결국 '노동 시장 유연화는 반재벌 투쟁을 통해 극복될 수 없는 문제'라는 거죠.

이종태 최근 SK 그룹을 지배하는 최태원 가문에 광범위한 공격이 감행된 바 있습니다. 이 공격엔 해외 투기 자본인 소버린을 필두로 시민 사회 단체와 노동 운동, 심지어 민주노동당까지 가세했었지요. 만약 이런 투쟁의 성공으로 최태원 가문의 지배권을 타도하고 SK 그룹을 해체했다면 어떤 일이 벌어졌을까요? 예컨대 산하 기업들에서 노동의 수량적 유연성을 줄일 수 있었을까요?

정승일 당시 상황에서 SK 그룹의 해체가 의미하는 것이 SK 노동자들의 경영권 장악일 수는 없었을 겁니다. 오히려 소버린이 SK 그룹을 장악하고 자사의 이익을 위해 계열사들을 하나씩 팔아먹는 것으로 귀결되었을 겁니다. 또 국내에는 SK 계열사들을 인수할 만한 주체가 없으니까, 결국 외국 자본이 주인으로 등장할 가능성이 컸을 거예요.

장하준 만약 국내 기업에게 매각이 된다면 그나마 노동자들에겐 다행이죠. 이유가 어떻든 국내 기업은 외국 기업만큼 과감하게 노동자들을 자르기는 힘들 테니까요. 물론 재벌들이 노동자들을 많이 자르지 못하는 이유는 그들이 착해서가 아닙니다. 그들이 한국의 정서와 관행에 익숙해 있고, 나름대로의 정치적 입지를 가지고 있으며, 신분도 상세히 알려져 있기 때문이죠. 참고로 기업 매각할 때 가장 중요한 것이 노동자를 얼마나 자를 수 있느냐는 점입니다.

자기 발등을 찍고 있는 우리나라 노동 운동

이종태   노동자를 많이 해고해야 기업의 가치를 높일 수 있다는 거군요. 그렇다면 노동 운동의 재벌 해체 투쟁이란 건 자칫 자기 목을 조를 수 있다는 이야기인데….

정승일   노동 운동의 입장에서는 자기 발등 찍는 투쟁이라고 생각합니다. 중요한 점은 재벌은 아무리 미우나 고우나 일정 정도 사회적 통제의 범위에 들어가 있다는 겁니다. 우리 사회가 요구하는 윤리적, 사회적 책임을 전적으로 따르지는 않는다 해도 눈치는 본다는 거죠.

그런데 2004년 초, 론스타가 외환은행 대주주가 되더니 어떻게 하던가요. 외환카드 노동자들을 마구 해고하더니, 그 다음에는 현금 서비스를 중단시키며 전체 금융 시장을 교란하지 않았나요? 론스타 같은 투기 자본은 한국 사회에 대해 아무런 사회적 윤리적 책임도 없는, 익명의 인간들이거든요. 론스타의 경영자가 누군지, 대주주가 누군지, 한국인들은 알지도 못하고 또 알아보려고 해도 쉽지 않기 때문이죠.

SK 그룹을 노렸던 소버린도 마찬가지지요. 이 투기 자본은 한국에서 사업자등록을 한 것도 아니고, 거주지도 없어요. 다만 주식 시장에 투자한다며 들어온 것뿐인데 수많은 한국인들의 생계와 미래가 달려 있는 SK 그룹을 장악하겠다고 나선 것 아닙니까. 얼마 전 TV

를 보니까 소버린 관계자들이 SK 주식회사 노동조합 간부들을 만나서 한다는 소리가 'SK 주식회사는 지금 노동력 구조에서는 문제가 없다.'고 하더군요. 이 이야기는 소버린이 인수에 성공하더라도 '노동자는 안 자르겠다.'는 약속인데, 글쎄 과연 믿을 수 있을까요?

장하준 소버린이 책임질 수 없는 이야기를 했군요. 설사 소버린이 안 자른다고 해도 SK 계열사들의 매각 이후 인수 기업 쪽에서 해고하지 않는다고 보장할 수는 없는 것이니까요. 성공회 대학에서 노조 지도자들을 대상으로 강의를 한 적이 있습니다. 그런데 강의에 참석한 분들 중에서도 주주 자본주의의 논리를 지지하는 분들이 많더라고요. 하도 답답해서 이런 이야기를 했죠.
'최소한 여러분들은 주주 자본주의적인 논리를 지지하시면 안 됩니다. 주주들이 기업을 통해 돈을 신속하고 많이 벌기 위해 가장 먼저 손대는 대상이 노동자들입니다. 어떻게 노동 운동가들이 주주 자본주의를 지지하실 수 있습니까?'
그러니까 긍정하시더라고요. 어떤 분들은 주주 자본주의적 논리를 통해 재벌과 싸우는 것을 독립 운동처럼 생각하시는 것 같은데 오산입니다.

이종태 결국 노동 운동이 적을 잘못 설정해 왔다는 것입니까?

정승일 재벌을 적으로 삼지 말라는 것은 아니지만, 현재의 상황에서 재벌이 주적은 아니란 이야기입니다. 재벌 해체를 주장하는 노동 운동가들은 마치 재벌을 해체하고 계열사들을 독립 기업화시키면 그 독립 기업의 전문 경영자들이 노사 관계를 더욱 민주화시킬 거라고 은연중에 가정하고 계신 것 같습니다. 단언하건대 절대로 그렇지 않습니다.

전문 경영진이 등장했다는 것은 기업에 대한 주주의 압력이 훨씬 더 강해진다는 이야기이고, 또 이 주주들은 재벌 기업이든 독립 기업이든 상관없이 정리 해고를 하고, 비정규직을 채용하면 박수를 치며 기뻐할 수밖에 없는 이해관계를 가진 분들이란 말입니다. 이 분들이 인간적으로 악하다는 그런 이야기가 아닙니다. 자본주의 사회라는 것이 결국은 이익을 따라 흘러가게 되어 있다는 거죠.

장하준 그리고 한국 기업과 외국 자본은 인원 배치에 대한 개념 자체에서부터 달라요. 우리나라 백화점이나 큰 빌딩에 가 보면 주차장 입구에 발권기가 있잖아요. 그 옆에 사람이 서 있습니다. 젊은 여성이 서서 뽑아 줘요. 사실 발권기는 그 젊은 여성을 해고하려고 만든 기계인데, 그 기계와 젊은 여성이 함께 서 있는 거예요.

이건 아주 희한한 일입니다. 우리나라에서만 볼 수 있어요. 후진국의 경우엔 주차장 입구에 사람만 서서 주차권을 나눠 주고, 선진국에서는 기계만 설치해 두죠. 기계와 사람이 함께 서 있는 모습은 우리나라가 후진국과 선진국 사이의 어떤 중간 단계에 와 있다는 것을 상징하는 것입니다.

소버린 같은 외국 자본 입장에서 볼 때 이 젊은 여성의 인건비는 낭비거든요.

이런 외국 자본들이 들어와서, 특히 우리나라의 서비스 업계 같은 곳은 아직 개방이 덜 되어 있으니까, 인원 정리에 들어가면 실업률이 현재 수준에서 그치지는 않을 겁니다. 삽시간에 10~15%를 넘어갈 수도 있어요.

정승일 전통적으로 개혁·진보 세력들은 기존의 한국 자본주의를 천민 자본주의라고 부르면서 '합리적 자본주의'를 요구해 왔지요. 그런데 만약 이후 외국 자본이 재벌 계열사들에까지 진출해서 자기들의 합리성을 들이대며 '이 회사 노동자들의 수와 임금이 적절한 것이냐?'고 '합리적'으로 따졌을 때 이를 방어할 논리가 우리나라 노동조합에 존재하는지 묻고 싶어요.

장하준 여담이지만, 우리가 이런 식으로 말해 놓으면 또 극우 민족주의자니 재벌 옹호자니 하는 소리가 쏟아질 겁니다. 소액주주 운동에 참여하고 계신 어떤 분은 최근 저를 두고 '자본의 국적성을 강조함으로써 노사 간의 진정한 대립점을 흐린다.'고 말씀하시더군요. 이거야 말로 맑스주의적 시각인데….

정승일 별의별 이야기와 억측이 다 있더군요. 제가 들은 이야기는 저나 장 박사님, 인천대의 이찬근 선생님 등 신자유주의 개혁을 비판해 온 학자들은 외국 자본에 대항하는 민족 자본을 강조하기 때문에 NL 주사파이고, 참여연대는 소버린이 주인이 되든 말든 반재벌, 즉 독점 자본 반대를 외치기 때문에 PD 민중민주주의 세력이라고 하더군요. 웃음

재벌도 노동도 국민 전체를 보지 않는다!

이종태　재미있는 이야기를 해 주셨습니다. 그러나 다시 본류로 돌아가겠습니다. 아무튼 두 분은 신자유주의에 대한 한국 노동 운동의 인식에 큰 문제가 있다는 말씀이지요. 그 원인이 뭐라고 생각하십니까?

장하준　노동 운동이 국민 경제 전체를 보는 시각에서 아직 약하다고 봅니다. 노동조합 조직률이 상당히 낮고 그나마 재벌계 대기업 노조 중심이니까요. 그래서 노동 문제를 보는 시각도 정작 신자유주의 개혁의 가장 큰 피해자인 미조직 노동자들의 이해까지 반영하지는 못하고 있는 것 같습니다.
그리고 최근 민주노동당이 국회에 진출하긴 했지만, 노동자뿐만 아니라 전체 국민을 포괄할 수 있는 정치적 전망을 제시하지는 못하고 있는 것 같습니다. 노동자 고유의 이익을 무시하자는 것이 아니라, 노동자 중심이지만 국민 경제 전체를 포괄하는 정치도 존재할

수 있다고 생각하거든요.

이제는 노동 운동이 뭔가 전체적인 해법도 내놓을 수 있어야 하는데, 지금까지는 노동조합의 당면 문제에만 너무 매몰되어 있다고 생각합니다.

정승일　노동조합주의에서 벗어나지 못하고 있는 것 같습니다. 아직까지는.

장하준　그래서 대기업 정규직 노동자들의 파업이 같은 노동자들 사이에서도 정당성을 인정받지 못하고 있는 것 같습니다. 예컨대 '연봉이 7000만 원인데 어떻게 파업을 하냐.' 하는 식의 이야기들이 먹히고 있는 거죠.

사실 연봉이 8000만 원, 1억 원이라도 필요하다면 파업할 수 있는 것 아닙니까? 문제는 중소기업이나 비정규직 노동자들은 대기업 노동자들의 파업을 응원하기는커녕 '저 친구들이 우리를 위해서 해준 일이 뭔데?' '좋은 회사에 취직해서 우리 월급의 3~4배 받는 친구들이 먹고살기 힘들다며 파업을 하다니…' 하는 식의 느낌을 받는다는 겁니다.

보수 언론에서 대기업 노동자들의 파업을 소재로 저질적인 기사를 써도 그런대로 먹히는 것도 그래서고요.

이렇게 정규직-비정규직, 대기업-중소기업 노동자 간에 서로에 대한 이해와 단결이 없다 보니 한국의 노동자들을 대표한다고 할 만한 조직도 없는 것이 현재 상태 아닌가요? 조직률도 너무 낮고요. 물론 경영자 측도 전경련이니 경총이니 하는 식으로 뿔뿔이 흩어져 있는 것은 마찬가지죠. 문제는 이렇게 노사 양측에 각각 대표 조직이 없거나 아니면 대표성이 떨어지기 때문에 유럽 식으로 노사 간에 대타협을 이루기도 어렵다는 겁니다.

다시 노동 운동 이야기로 돌아가자면, 협소한 노동조합주의적인 시각에 자꾸 매몰되니까 우리 사회의 지도적 운동으로 자리 잡지 못하고 있는 것 같습니다. 가령 한국의 사회 운동 중 지도적 위치에 있는 것은 아무래도 NGO 운동이라고 하겠는데, 다른 나라에서는 그렇지 않거든요.

물론 NGO 운동이 강하다는 것도 좋은 일이지요. 그러나 우리나라에서 상대적으로 NGO 운동이 강한 것은 역설적으로 노동 운동이 약하기 때문으로 풀이할 수도 있다고 생각합니다.

이종태 너무 생생한 이야기를 한꺼번에 듣다 보니 정신이 없을 지경입니다. 그러니까 오늘 대화는 이렇게 정리할 수 있겠군요.

'경영 쪽은 노동 시장 유연화가 유일한 살길인 것으로 착각하지 말라. 오히려 고용 보장을 통해 생산성 향상 차원이 아닌 경제 전반의 업그레이드도 가능하다.

노조 쪽은 주적을 잘못 설정한 듯하다. 재벌은 손쉬운 상대이지만 그보다 심각한 적은 신자유주의의 물결을 타고 들어오는 외국 자본이다. 게다가 노조 쪽은 국민 경제 전체의 시각에서 문제를 볼 필요

가 있다. 지금 식으로 노조에 당면한 문제에 매몰되어서는 외면 당하기 쉽다.'

대략 이 정도가 되는 셈인데, 정말이지 많은 고민이 필요할 것 같습니다.

국가와 국가주의, 관치에 대한 오해와 편견

2부 3장

이종태 　언제부터인지 '국가'라는 존재의 인기가 너무 떨어져 버린 것 같습니다. 어쩌면 당연한 일일지도 모르죠. 해방 이후부터 군부독재 시절에 이르는 반세기 동안 '대한민국'이라는 국가가 자행했던 가공할 만한 국가 폭력이 지난 몇 년 동안 하나 둘 계속해서 대중에게 폭로되어 왔으니까요.

게다가 '국가주의자'를 자처하는 일부 보수 세력들이 황당한 주장을 펼치면서 노무현 정부에 대해 저주와 한풀이 수준(?)의 비판을 퍼부어 온 것도 국가의 위상을 떨어뜨리는 데 꽤나 일조한 것 같습니다. 또 지식인 사회에서는 국가 혹은 국가주의를, 사실 이런 사상이 실제로 존재하는지는 잘 모르겠습니다만, 비웃고 무시하는 것이 유행처럼 되어 버린 느낌마저 없지 않고요.

저는 이런 현상이 매우 우려스럽습니다. 물론 국가라는 것에는 본질적으로 폭력적이고 억압적인 측면이 있는 것이 사실이라고 생각합니다. 하지만 '국가에 대한 냉소'의 대안이 시장일 수는 없다고 봅니다. 그래도 시장보다는 국가가 비교적 민주적이고 자유로운 조직 아닐까요? 말이 났으니 말이지, 국가 외에 누가 감히 시장을 견제하겠습니까? 시장에서 튕겨져 나오는 사회적 약자들을 보호할 수 있는 메커니즘도 국가 외에는 아직 없는 것 아닌가요? 시장을 지배하는 것은 '가진 자'인 반면 그래도 국가는, 비록 전국민의 투표라는 매우 불완전한 형식으로나마, 그 권력의 구성에 참여할 수 있는 대상이니까요.

그래서 제 경우 지식인들의 어설픈 반국가주의는 국가의 역할을 제한하고, 그 결과 국가가 바람직한 방향으로 발전할 기회마저 줄일 뿐이라고 생각합니다. 오늘 대화를 '국가'라는 관점에서 한국의 개혁·보수·진보 세력의 경제 개혁론을 평가해 보는 자리가 되었으면 하는 것도 그런 맥락에서이고요.

관치 금융과 '국가의 역할' 사이의 혼동

장하준   한국의 지식인 사회가 '국가의 역할'에 대해 심각한 혼선을 빚고 있는 것은 사실입니다. 그 원인을 저는 과거 역사를 잘못 정리하는 바람에 빚어진 것으로 생각해요.

예컨대 '박정희는 국가주의니까 박정희를 극복하는 방법은 국가를 죽이는 것'이라는 식이 되어 버린 거죠.

저로서는 정말 기묘하게 느끼는 현상이 '관치 금융'이라는 용어가 '욕' 비슷하게 통용되고 있다는 겁니다. 얼마 전에 신문을 읽다가 정부가 우리은행에 어떤 지시를 했다는 기사를 봤는데, 그걸 두고 그 신문은 '관치 금융'이라고 비판하더군요.

좀 어이가 없었습니다. 우리은행 그룹은 78.5%의 지분이 정부 소유예요. 주주 자본주의 논리로 따져 봐도 우리은행은 정부가 시키는 대로 해야 합니다. 그런데 다른 부문에서는 주주 자본주의 논리를 맹종하던 그 신문이 절대 다수 주주인 국가(정부)가, 그것도 국민 경제적 필요에 따라 은행에 개입하는 것에 대해 '관치 금융'이라며 험한 소리를 퍼붓더란 말입니다.

'국가의 역할'에 대한 인식이 이 정도까지 왜곡되어 있는 겁니다. 결국 '정부는 무조건 나쁜 것'이란 인식이 개혁·보수·진보 세력 모두에게 깊숙이 박혀 버린 셈이죠. 그 경우 기업들이 마음껏 이윤을 추구할 수 있도록 내버려두고, 정부가 경제에 개입하지 않으면 '모든 게 잘 된다.'는 식인데, 그거 정말 무식한 소리예요. 그렇게 시장이 모든 것을 다 해결해 준다면 정부라는 게 왜 필요합니까? 그냥 무정부로 살아야죠.

물론 자유주의 경제학의 거두인 하이에크(Friedrich August von Hayek)˚ 같은 사람은 중앙은행까지 없애자고 주장한 바 있습니다. 은행들마다 자유롭게 화폐를 발행하게 내버려두면 '좋은 화폐(良貨)'와 '나쁜 화폐(惡貨)'가 시장에서의 경쟁을 통해 가려질 거라는 논리에서였죠. 실제로 자유주의가 지배하던 19세기에서 20세기 초까지 미국을 포함한 구미 선진국들에 중앙은행이 없었던 적이 있습니다. 화폐를 발행하는 은행이 이탈리아에 여섯 곳, 스위스에 네 곳이라는 식이었죠. 그런데 자꾸 문제가 생기니까 이 나라들도 결국 중앙은행을 만들고, 중앙은행에서만 화폐를 발행할 수 있도록 한 겁니다.

정부가 경제 개입을 하지 않던 시절도 있었습니다. 그러나 산업화란 걸 하려다 보니 투자 조정도 필요하고, 환경 규제도 해야 하더라는 거죠. 그래서 정부의 역할이라는 게 생긴 겁니다. 그런데 우리나라에서는 우파는 우파대로 시장주의를 맹종하니까 국가의 개입을 반대하고, 개혁 세력은 '박정희의 국가주의' 운운하면서 이를 비판하는 거예요.

정승일   우리가 정부니 관치 금융이니 하는 걸 이야기할 때는 특히 제왕적 대통령 하의 행정 조직을 연상하게 됩니다. 사실 관치와 관치 금융은 장군 출신의 제왕적 대통령들의 무소불위적 권력을 배경으로 자의적으로 권한을 행사하던 경제 관료들의 권력을 의미하는 것이기도 하고요. 그러나 관료주의와 관치 금융을 비판한다는 명분 하에 행정부의 경제적 역할 자체를 부정하는 것은 말이 안 되죠. 시장과 기업의 자유, 즉 자율적 권력화를 주장하는 것이 자유주의인데, 제대로 된 민주주의자라면 차라리 행정 및 관료 조직을 올바르게 통제하는 방식을 모색하는 것이 낫습니다. 박정희 식 관치에 대한 대안이 시장치(市場治)는 아니라는 거죠.

장하준   LG카드 사태* 같은 것만 봐도 국민은행의 김정태 행장이 '잘했나 못했나'는 제쳐 두고, 우선 나오는 이야기가 '정부가 개입하니까 관치 금융이다.' 예요. 하지만 제가 보기에는, 우리나라에서 제일 큰 은행에 대해 국가가 간접적으로라도 영향력을 행사하는 것

- 1899년 오스트리아에서 태어나 신자유주의적 입장에서 행한 화폐와 경제 변동의 연구가 인정되어 노벨 경제학상을 수상한 오스트리아학파 경제학자. 모든 계획 경제에 반대하는 『예종(隸從)에의 길(The Road to Serfdom)』(1944), 『자유의 구조』(1960) 등의 대표작이 있다.

- 2003년 11월 LG카드가 1차 부도 위기를 맞으면서 회원 1200만 명에 대한 현금 서비스가 일시 중단되는 등 금융 시장이 요동치기 시작했다. 만약 LG카드가 부도를 내는 경우 그 규모는 수조 원에 달해 채권 은행단은 천문학적 손실을 보게 되고, 그 여파는 다시 기업·가계에 대한 대출금 회수로 이어져 결국 기업 도산 및 가계 파산이 급증하는 등 금융 시장에 미증유의 혼란이 예상되었다. 그에 따라 정부는 산업은행이 LG카드를 인수하도록 하는 한편 LG그룹과 채권 은행단이 대출금의 출자 전환 등 여러 가지 방식으로 4조 650억 원을 지원하는 방안을 내놓았다.
그러나 이 과정에서 채권 은행단 중 리딩 뱅크라 할 수 있는 국민은행의 김정태 행장이 '손실이 예상되는 상황에서 추가 지원은 불가'라는 입장을 개진하면서 일부 은행들이 '관치 금융'이라는 명분을 내걸고 정부 측 방안에 반기를 들었다.
그에 대해 '주주들의 이익을 최우선시해야 하는 김정태 행장의 입장에서는 당연한 일'이라는 찬사와 '국민 경제와 금융계가 함께 직면한 위험 앞에서도 주주 이익이라는 명분으로 자사의 이익만 고수했다.'는 비난이 제기되었다.
김정태 행장은 주택은행 행장 시절인 1999년 대우의 부도 사태가 국민 경제 전반에 미칠 파장을 줄이기 위한 정부의 대출금 회수 자제 요청에도 불구하고 대우 사태 직전 1조 5600억 원을 대우로부터 회수하는 등 국가의 개입에 '용감히' 맞서 주주 가치를 수호해 온 인물로 유명하다.

이 '정부의 의무'입니다.

그리고 주주 자본주의 논리대로 정부가 그 은행의 지분을 반드시 가지고 있어야만 개입할 수 있는 것은 아니라고 생각합니다. 자유 시장 경제의 본국이라고 일컬어지는 미국에서 지난 1998년 거대 헤지펀드 LTCM(롱텀캐피털매니지먼트)이 위기에 처했을 때 어떻게 했습니까? 미국의 중앙은행이라 할 수 있는 연방준비위원회 그린스펀(Alan Greenspan) 위원장이 LTCM의 주요 채권은행 십여 곳의 행장들을 방 하나에 가둬 놓고 '부채를 출자로 전환해서 해결할 때까지 방에서 나오지 말라.'고 강압까지 가하며 해결한 것 아닙니까? 그린스펀은 미국 법률에도 없는 짓을 한 겁니다. 또 엄밀히 따지면 주주 자본주의 논리로 볼 때 금융 시장에 어떤 혼란이 닥치든 말든 은행장들이 연방준비위원회의 요청을 따를 이유가 없는 거고요. 미국 같은 나라에서도 이런 식으로 정부가 개입합니다. 금융같이 공공성이 강한 부문에서 문제가 터지면 전체 시장과 산업으로 혼란이 확산되니까요.

정승일   그렇죠. 그린스펀의 경우에는 법대로 한 것이 아닌 게 명백해요. 하지만 그렇다고 해서 그의 행위를 관치 금융이라고 욕하지도 않잖아요? 금융 시장 안정화라는, 공공이 부여한 정부의 일을 한 거니까요. LG카드 사태에 우리 정부가 개입한 것도 같은 시각으로 봐야 합니다.

피해자만 양산해 낸 미국 '자유 은행 학파'

장하준   그런데도 '정부는 작아야 한다.'라는 말이 마치 사회적 합의라도 거친 것처럼 좌·우를 망라해 통용되고 있는 것이 현실입니다. 지난번 KBS 경제 토론회 때 나온 이정우 청와대 정책기획위원장이 경기 관련 발언을 하다가 '우리는 재정 확대 같은 것 안 하고…' 하더라고요.

보수 세력으로부터는 좌파라 불리는 노무현 정권에서조차 결국 케인즈주의 정도의 경제 정책도 구사하지 못하겠다는 것 아닙니까? 그러자 제 옆에 앉아 있던 어떤 투자자문회사 이사는 울그락불그락 하더니 '저분은 케인즈도 안 읽어 봤나?' 하는 거예요. 이렇듯 우리 경제의 가장 큰 문제 중 하나는 정부의 역할을 부정하는 것이 '정도(正道)'이고 '개혁의 길'로 인식되어 버렸다는 것입니다.

정승일   금융 시장을 시장 논리 그대로 두는 나라가 어디 있습니까? 아까 말씀하신 것처럼 심지어 미국에서도 마찬가지예요. 만약 노무현 정부가 외국 자본이 인수한 은행에 대해 시장 논리를 따른답

• 연평균 40%를 웃도는 수익률을 자랑하며 세계 최대의 펀드로 승승장구하던 LTCM이 러시아 국채에 거액의 자금을 투자했다가 1998년 8월 러시아의 모라토리엄(대외채무 지불 중지) 선언으로 엄청난 손실을 본 사건. 이로 인해 세계 금융 시장이 혼란에 빠질 조짐을 나타내자 미 연방준비은행이 개입, 14개 금융 회사들이 LTCM에 36억 달러의 구제 금융을 지원함으로써 파국을 면했으나 결국 2000년에 파산했다.

시고 그대로 방관하다 보면 언젠가 큰 대가를 치르게 될 겁니다. 예컨대 외환은행을 인수한 론스타 같은 경우 사모주식 펀드인 만큼 언젠가는 해체될 수밖에 없어요. 따라서 그 전에 수익을 최대화하려고 혈안이 되어 있을 겁니다. 그대로 뒀다간 론스타의 최대 수익이 우리 경제의 재난으로 이어질 수 있다는 거죠.

저는 소유권이라는 측면에서 은행이 주주의 것이기도 하지만 예금자의 것이기도 하다고 주장하고 싶어요. 은행에는 예금이 많이 들어가 있으니까요. 그러나 예금자를 대표하는 기관이 없기 때문에 정부가 그나마 예금자들을 대표해 금융을 감독하는 권한을 가진 것으로 봐야 합니다. 그런 만큼 국민 경제에 엄청난 영향력을 미치는 은행에 대해 주주 가치 극대화라는 논리만 들이대면서 억지를 쓰면 안 된다는 겁니다.

수익성? 물론 중요하죠. 그러나 예금자 보호라는 것도 굉장히 중요하고, 그 역할은 정부가 대행할 수밖에 없는 겁니다. 이 같은 정부의 역할을 관치 금융이라면서 부정한다는 것은, 금융 시장이 자유롭기로 최고라는 미국이라 해도 넘을 수 없는 선을 넘는 것이라고 생각해요.

장하준   또한 어차피 은행이라는 것은 정부가 요구한 설립 요건을 충족시켜야 허가를 받아 영업할 수 있는 기관입니다. 그 설립에서부터 국민 경제와 긴밀한 연관이 전제되어 있는 거죠. 그와 관련 19세기 말 미국에 '자유 은행 학파'라고, 누구나 은행을 세울 수 있게 해야 한다는 이론이 있었습니다. 은행들이 '누가 돈을 더 잘 관리하고, 적절하게 통화를 발행하느냐.'를 두고 경쟁하는 과정에서 '우량 은행'은 살아남고 '불량 은행'은 퇴출되는 식으로, 시장을 통해 금융 질서가 최적의 상태로 유지되게끔 해야 한다는 입장에서였죠. 그야말로 구멍가게 규모부터 제법 큰 규모의 은행까지 미국에 수만 개가 되는 은행이 생기게 된 것도 그래서였습니다.

정승일   서부영화 보면 나오잖아요. 구멍가게 같은 은행.

장하준   그러자 한 해에도 수백 개씩 은행이 파산하는 거예요. 그에 따라 전 재산을 날리는 예금자들이 속출하고요. 이런 사태가 너무 확산되니까 대공황을 거치면서 도입한 것이 바로 예금보험이라는 제도입니다.

정승일   예금보험 제도를 실시한다는 것 자체가 예금자들이 보험으로 보호되지 않는 은행에는 불안해서 돈을 맡기지 않게 된다는 이야기니까, 일종의 진입 장벽이고 설립 요건인 셈이죠. 보험료를 낼 수 없는 경우에는 은행을 설립할 수 없는 셈이니까요.

장하준   정부의 역할이란 문제와 관련해서 산업 정책에 대한 이야기도 해야 할 것 같습니다. 요즘엔 정부가 '산업 정책 비슷한 것'을 입안, 실시하려고 하면 기업 측에서 비웃는답니다. '니들이 뭘 아는

데?' 하는 식으로 말입니다.

하긴, 정부가 특정 산업의 경영 문제에 대해 기업보다 더 잘 알 수는 없을 겁니다. 그렇지만 이런 식으로 정부의 개입을 배제한다는 것은 결국 '기업의 판단'은 물론 그것이 결집된 '시장의 판단'이 사회적 이익과 일치한다는 주장으로 나갈 수밖에 없는 건데, 이런 논리는 교과서적인 경제학에서밖에는 성립하지 않습니다. '시장의 실패'라는 게 있기 때문이죠.

그리고 우리나라 기업들의 경우 따지고 보면 과거 정부가 시장 보호해 주고 보조금 줘 가며 키워 놓은 건데, 그런 정부의 역할도 필요 없었다는 건가요? 만약 시장 논리에 맡겨 상품 시장을 모두 개방해 버렸다면 우리나라는 아직도 일본에 김이나 팔고, 중동 건설 현장에서 땅이나 파고 있을 겁니다.

한국에는 아직 국가가 해야 할 일이 많다!

이종태 조금 농담 섞어 이야기하자면, 한국에서는 시장이 거의 윤리의 차원으로 격상되어 있는 것 같습니다. 아시다시피 윤리는 현실적인 불이익을 감수하고라도 실천해야 하는 거 아닌가요? 그런데 시장주의자들이 과거의 반시장적 혹은 비시장적 경제 정책에 비분강개하는 모습을 보고 있노라면, 설사 우리가 지금 김이나 수출하면서 산다고 해도 시장의 '윤리'만큼은 지켜야겠다고 생각하는 것 같아요. 물론 농담입니다.

장하준　어떤 분들은 '시장에 맡겨 뒀으면 더 잘됐을 텐데.' 하잖아요. 영미 쪽의 시장 근본주의자들이 동아시아 모델을 비판하는 논리이기도 하고요. 그런데 문제는 현실 속에서 우리나라를 비롯한 소위 동아시아 모델을 추구한 나라들보다 경제 발전을 효율적으로 일구어 낸 나라가 없다는 겁니다. 때문에도 이제는 더 이상 국가를 무시하는 일이 없었으면 합니다.

한국이라는 나라는 아직 국가가 할 일이 많아요. 성장 산업을 육성해야 하고, 그에 걸맞게 노동 시장도 조정해야 합니다. 또 복지 제도를 제대로 실시해서 사회를 안정시켜야 하고, 노동자에 대한 기술 교육 시스템을 다듬어 일자리를 잃은 노동자가 하루라도 빨리 전직할 수 있도록 해 줘야 합니다.

이런 시스템이 제대로 갖춰지고 잘 굴러가야 노동력의 질이 높아져 세계 시장의 변화에 신속하게 대처할 수 있는 메커니즘이 형성되는데, 그렇게 하려면 국가의 역할을 우습게 여긴다거나 무시한 채 시장만 우상시해서는 안 됩니다.

이건 기득권층에게도 유익한 방안입니다. 사회가 안정되어야 투자할 때의 불확실성도 덜 할 것 아닙니까? 물론 지금 당장은 노동자들의 기술 교육 시스템 때문에 세금을 더 내는 것이 아까울 겁니다. 그러나 장기적으로는 이런 교육의 결과 노동자들이 다기능화해 우리 경제가 세계 시장의 변화에 빨리 적응할 수 있게 된다면, 기업

하는 사람들에게도 좋은 일 아닌가요?

이종태 　멋진 말씀이지만 현실적으로 실행되기는 힘들 것 같습니다. 더욱이 노무현 정부도 장 박사님께서 말씀하시는 국가의 역할을 뚜렷이 인식하고 있는 것 같지 않고요.

장하준 　어떤 비전을 명확하게 갖고만 있다면 그걸 실천하는 방법은 찾을 수 있다고 생각해요. 그에 대해 지금의 상황을 기준으로 이야기해 보죠.
예컨대 노무현 정부가 '복지 국가 건설'을 급선무라고 인식하고, 그에 입각해 다른 정치적 사안에 쏟고 있는 에너지와 자원을 집중시킨다면 많은 성과를 거둘 수 있을 거라고 봅니다. 하지만 노무현 정부의 비전에서 복지 국가는 별로 중요한 문제가 아닌 것 같아요. 그러니까 에너지가 다른 부문으로 흘러들어가는 거죠.
그러나 현재의 정부에 크게 기대할 것이 없다 해도 바람직한 미래상에 대해 우리 시민들이 치열하게 이야기를 나눌 필요는 있다고 생각합니다. 지금은 어떤 토론 과정도 없이 그저 막연하게 미국 식 시장주의가 광범위하게 받아들여지고 있는 상황이에요. 게다가 그 미국도 진짜 미국이 아니라 교과서에나 나오는 미국이란 말입니다. 예컨대 미국에서 경제학 박사를 따 온 사람들이 몇 천 명은 될 텐데, 이 중에서 미국 경제를 전공한 사람은 거의 없어요. 그러니까 미국 가서 몇 년 살았다 해도 정작 미국에 대해서는 제대로 모르는 상태에서 막연한 동경만 쌓인 셈이죠.

미국 식 시스템이란 것이 까놓고 말해 '돈 많고 배운 것 많은 사람들에게 유리한 원리'나 다름없는데, 그게 '정정당당하게 같은 조건에서 한번 경쟁해 보자.'는 식의 애매한 경제적 비전과 민주주의, 자유, 투명성 등의 역시 애매한 철학적 개념들로 장식되어 있는 겁니다. 이같이 애매하고 막연한 동경이 만연하고 있으니까 개혁 세력들의 경우에도 보수 인사가 '너! 반시장주의지.' 하고 윽박지르면, 한국에서는 시장은 무조건 좋고 국가는 무조건 나쁜 것으로 되어 있으니까 '아니, 전 반시장주의자 아닌데요.' 하는 식으로 겨우 대꾸나 하게 되는 거고요.

시장은 결코 신성불가침한 것이 아니다!

<u>이종태</u>　TV 토론에서 정부와 열린우리당 인사들이 그런 식으로 말하는 걸 많이 봤어요.

<u>정승일</u>　사실 노무현 정부는 정치·외교적 측면에서는 진보적 냄새가 나는데, 경제·사회적 부문에서는 오히려 보수 우파적 성격이 강하다고 할 수 있어요. 앞뒤가 안 맞는 셈이죠. 그런데 그보다는, 그러니까 이 정부가 진보인지 보수인지보다는, 사회적인 논쟁 구도 자체에 문제가 있어요. 이른바 비판 세력들, 정확하게 말해 노무현

정부에 대한 보수적 비판 세력들은 우선 '노무현 정부=진보 좌파'란 등식과 '진보 좌파=반시장주의'란 등식을 세워 놓고는, '우리는 시장주의'라고 주장하는 구도를 만들었는데, 이 단순하고 말도 안 되는 구도가 제법 먹혀 들어갔어요.
정말 해야 하는 일은 '나는 반시장주의자가 아니다.'라고 변명하는 것이 아니라, 이 같은 구도 자체와 맞서 싸우는 것인데도 그러지를 못하니 말입니다.

장하준   보수 인사가 반시장주의로 몰면 오히려 '시장이라는 것은 도구에 불과하다. 시장이 필요하면 이용해야겠지만, 필요하지 않으면 부술 수도 있는 거다.' 하는 식으로 치고 나가야 하는데, 그럴 자신이 없는 거죠. 그러니까 언제나 '우리는 반시장주의자가 아닙니다. 억울해요…' 하게 되는 거고요. 웃음

정승일   이른바 개혁 세력들은 자기들 스스로를 시장주의자로 믿고 있거든요. 그래서 '시장이라는 것도 도구에 불과하며, 시장에 반대되는 정책들도 정당성을 가질 수 있다.'는 것을 감히 말할 수 없는 것 같아요.

장하준   제가 보기엔 그런 태도를 가질 수밖에 없는 원인이 있어요. 개혁 세력들의 비전이라는 게 박정희에 대한 반사적 거부에 불과하거든요. 예컨대 '박정희가 관치 금융 하고 경제 개입 했으니까,

시장이야말로 개혁이다.' 하는 식으로 되는 거죠.

정승일   더욱이 1997년의 외환 위기도 박정희 식 경제 개발 노선 때문에 발생한 거라고 믿고 있잖아요. 그런 믿음 아래 시장을 보다 잘 작동하게 만드는 개혁을 하려고 했는데, 반시장주의자라고 하니 얼마나 억울하겠어요.

이종태   그렇다면 보수 우파로 자처하는 한나라당은 어떤 비전을 가지고 있다고 보시는지요?

장하준   한나라당이 가진 비전의 주류는, 말로는 시장이라고 표현하지만, 기본적으로는 우리 경제 시스템을 돈 있는 사람들이 원하는 대로 끌고 가자는 것 같아요.
이분들은 각종 규제를 폐지하자는 주장을 많이 하는데, 그러면서 드는 논거가 19세기적 시장 논리거든요. 기업은 이윤만 추구하면 되고, 그 과정에서 '시장의 보이지 않는 손'이 기업들의 이윤 추구를 사회적 이익으로 유도해 낸다는 거잖아요. 주류 경제학도 시장의 실패를 인정하고, 그래서 규제의 필요성을 받아들이는데, 이런 부분은 인정하지 않는 것 같아요.
결국 '돈 많은 사람들이 원하는 대로 규제를 철폐해서 돈을 더 벌게 해 주라. 그렇게 해서 큰 부자가 생기면 그 부(富)가 흘러 넘쳐서 하층의 사람들도 형편이 나아진다. 따라서 부자들이 원하는 대로 해 주는 것이 사회 이익에 합치된다.'는 것이 한나라당의 비전인 것 같아요.

자유주의와의 투쟁 속에 성장한 민주주의

이종태　최근 오늘의 주제인 국가와 관련된 재미있는 사례가 있었습니다. 정부가 연기금의 민간 기업 투자를 허용할 계획이란 건 모두 알고 계실 겁니다. 그런데 이 문제를 두고 중요한 쟁점이 생겼어요. 바로 '연기금을 민간 기업에 투자할 때 그 의결권의 행사를 인정하느냐.'의 문제입니다.

예컨대 국민연금이 삼성전자에 투자한다고 할 때 의결권이 인정된다면, 그 투자의 주체인 국가는 삼성전자의 경영에 개입할 권한을 가지게 되는 셈이죠. 물론 여기서 국가는 연기금을 낸 국민을 대표하는 것에 불과하지만 말입니다.

여기에 대해 개혁파인 열린우리당과 보수 우파인 한나라당의 입장이 묘하게 엇갈리는 것 같습니다. 열린우리당의 경우 '주식 가치 하락을 막기 위한 경우를 제외하면 의결권 행사를 제한한다.'와 '국내 주요 기업이 적대적 인수·합병 위험에 노출되는 경우 적극적 의결권 행사로 경영권을 방어한다.'는 입장 사이에서 왔다 갔다 하고 있습니다. 반면 재계와 한나라당은 국민연금의 의결권 행사를 국가의 의한 기업 지배, 즉 연기금 사회주의라고 비판하면서 의결권 행사를 일관되게 반대하는 입장이고요.

장하준 열린우리당 쪽에서 '의결권 행사에 반대하는 분'들은 '그래야 관치를 막을 수 있으니까 개혁적'이라고 생각했을 거고, 한나라당 역시 '연기금이라는 게 정부 돈이지만, 정부가 기업에 개입하면 나쁜 거니까 못하게 해야 한다.'고 생각했을 겁니다. 동상이몽이지만 배짱이 맞는 거죠.

저는 의결권을 원천적으로 봉쇄하는 것은 적절하지 않다고 생각합니다. 공익을 위해 의결권을 사용할 수 있는 길이 막혀 버릴 수 있는 것 아닙니까. 차라리 연기금 운용 기관의 정관에 민간 기업에 대한 투자의 목적을 적절히 규정해 놓으면 문제가 없을 것 같습니다. 예컨대 '국민 경제에 대한 공헌, 단기 수익이 아니라 장기 수익이 목적일 때만 투자 가능하다.'는 식으로 규정하면 되겠죠.

정부를 믿을 수 없다고 해서 그 손발을 묶어 놓으면 정부의 공공 기능이 무력화됩니다. 그렇다고 너무 권한을 주면 관리들의 전횡이나 부패로 귀결될 수 있고요. 결국 권한을 지나치게 주지 않아도 문제이고, 또 지나치게 허용해도 문제인데, 그 균형을 맞추는 것이 굉장히 어려운 일이기는 해요.

그렇지만 저는 원칙적으로 민주주의 국가에서는 정부에게 힘을 주는 것이 옳다고 생각해요. 정부를 믿지 못해서 아무것도 하지 못하게 한다면 결국 국가의 여러 기능을 시장에 맡기라는 이야기나 다름없지 않나요?

하지만 시장에 맡긴다는 것은 돈 많은 사람들 마음대로 하라는 겁니다. 게다가 역사적으로 살펴보면 이른바 자유주의자들은 19세기까지도 반(反)민주주의자들이었어요. 자유주의의 핵심이 '시장의 자유와 사유재산권 수호' 아닙니까? 시장의 자유는 '있는 자'와 '없는 자'로 사회를 나누게 마련이고, 그렇게 형성된 '있는 자'들은 어떻게든 자신의 사유재산을 지키려 하겠죠. 따라서 '없는 자'들에게까지 투표권을 주겠다는 민주주의에 반대할 수밖에 없고, 그 논거 또한 뚜렷합니다.

예컨대 '돈 없는 놈들이 투표권을 부여받아 정치 권력을 장악했다간 부자들의 사유재산을 침해하려 들지도 모른다.'는 거지요. 우리나라에서도 가끔 '세금도 한 푼 내본 적 없는 놈들이 발언한다.'는 이야기가 나오는데, 그게 맥락이 다르지 않은 겁니다.

이종태　민주주의와 시장은 옛날부터 그리 좋은 사이가 아니었군요. 그 경우 민주주의는 오히려 국가와 친화적인 것으로 보이는데요. 그래서 '민주주의이기 때문에 정부에 힘을 줘야 한다.'고 말씀하시는 건가요?

장하준　자꾸 반복하게 되는데, 힘 있는 정부를 불온하게 여기는 것 자체가 박정희에 대한 반사적 거부라니까요. 박정희 정부가 반민주적이었기 때문에 정부에 반대하고, 그렇기 때문에 정부의 힘을 빼는 것이 민주주의라고 고정관념화되어 버린 겁니다.

하지만 유럽이나 미국의 경우 조금 전에 말씀드렸던 대로 민중들은 오히려 자유주의자들과 투쟁하는 과정에서 민주주의를 쟁취해 냈어요. 그 후 자유주의자들은 계속 풀이 죽어 지냈는데, 요즘 들어 신자유주의로 다시 힘을 얻게 된 거고요.

지금 신자유주의 세력들이 가장 강조하는 것이 '정치로부터 주요 정책 기구의 독립성'이잖아요. 국가(정부)로부터 '중앙은행의 독립성'도 그런 맥락에서 나온 거고요. 그들은 심지어 각종 규제 기관도 정부로부터 독립시켜야 한다고 주장합니다. 그렇게 본다면 신자유주의는 과거에 민주주의로 인해 빼앗긴 권력을 되찾자는 이론이라고 할 수도 있습니다.

자유 민주주의라는 개념은 성립 불가능하다!

이종태   사유재산, 즉 돈 많은 사람들의 권력 말이죠?

장하준   그렇죠. 가령 '중앙은행의 독립성'이란 걸 보세요. 중앙은행이 국가로부터 독립하면 아무래도 금융권과 가까워지게 되지 않겠어요? 중앙은행이 금융 자본의 이익을 수호하는 방향으로 가게 될 수도 있는 겁니다. 국가는 그나마 원리적으로라도 전체 국민의 이익을 대표하는 것으로 되어 있고, 그래서 노골적으로 특정 세력의 편을 들 수는 없는 조직입니다.

그런데 중앙은행처럼 공공적 영향력이 큰 조직이 국가로부터 독립한다는 것이 무엇을 의미하겠습니까? 그 때문에 유럽의 경우 좌파들이 오히려 중앙은행의 (국가로부터의) 독립을 반대하고 있는 겁니다.

정승일   우리나라에서는 국가의 역할과 관련된 이야기들이 주로 '시장이냐 반시장이냐.'에만 초점을 맞추는 경향이 있어요. 그러나 저는 이 같은 질문을 '시장이냐 반시장이냐.'에서 '민주적인 국가(정부)는 무엇을 해야 하는가.'로 바꿔야 한다고 생각합니다. 국가의 역할에 대해 좀 더 근본적으로 논의해야 한다는 이야기죠.

장하준   그래서 스티글리츠 같은 사람은 '정부가 기업의 투명성을 강하게 규제하는 것이 도리어 친시장적인 것'이라고 주장하잖아요. 정부의 규제가 시장에서 정보의 불완전성을 줄임으로써 시장의 작동을 더욱 원활하게 할 것이라는 논리죠.

정승일   정부의 역할을 강화하자고 말하면 당장 사방에서 '그럼 관치로 돌아가자는 거냐?'며 비난이 쏟아집니다. 그러나 저는 '관치가 도대체 뭐냐?'라고 반문하고 싶어요. 관치라는 것을 문자 그대로 풀면 '관료들에 의한 통치'를 의미할 텐데, 물론 좋은 일은 아니죠. 그러나 관료라는 계층은 수천 년 전 국가라는 조직이 탄생할 때 함께 나타난 집단입니다. 국가를 폐지하지 않는 이상 관료 집단은 계속 존재할 거고요.

따라서 관치 그 자체를 비판하고, 관료주의 그 자체에 욕을 퍼붓는 것은 별로 효용이 없다는 겁니다. 차라리 관료들을 민주적으로 통제하는 방법, 관료들의 부정부패를 감시하는 방법을 구체적으로 모색하는 것이 훨씬 생산적이죠. 이를 위해서는 물론 국가 조직이 국민 앞에 투명해져야 하겠지만 말입니다.

외환 위기 이후 많이 사용되고 있는 투명성이란 용어는 현재 '기업의 주주에 대한 투명성'을 의미합니다. 기업의 소유자인 주주가 기업의 내부 사정을 속속들이 알아야 한다는 의미죠. 그러나 저는 지금 '국민에 대한 국가 조직의 투명성'을 주장하고 싶습니다. 국가가 나름대로 공공성 수호 차원에서 벌이는 일에 무턱대고 '관치'를 부르짖으며 기를 죽이기보다, 그토록 국가를 믿지 못하겠다면 국가 조직을 국민 앞에 투명하도록 만드는 방법을 구체적으로 모색해야 한다는 거예요.

장하준   관료들에 대한 민주적인 통제가 제대로 이루어진다면 관료주의는 타당합니다. 최소한 이론적으로는 국민들이 투표를 통해 정치적 대표를 뽑았고, 그렇게 뽑힌 국민의 대표가 관료들을 통제하는 거니까요. 물론 이런 과정이 어렵고, 복잡하고, 불완전하니까 문제가 생기는 거겠죠. 그래서 제도적으로 여러 가지 보완 및 규제 장치가 필요한 거고요.

하지만 지금 우리나라에서는 '관치는 무조건 나쁜 것이니까, 관료들에게 힘을 주면 안 된다.'는 식의 사고가 광범위하게 퍼져 있는 것 같습니다. 그러나 이런 식보다는 '관치는 불가피하지만 불완전하기도 하니까 여러 가지 장치를 통해 관료들을 견제해야 한다.'는 시각이 훨씬 현실적인 것 같아요.

정승일   관치 혹은 정부의 역할을 무조건 부인하는 것은 자유주의 내지 신자유주의의 입장입니다. 즉 '작은 정부가 아름답다.' '관료제는 나쁘다.' '규제는 나쁘다.'는 건데요. 문제는 국가의 역할과 관료주의를 부인하면 그 대안이 시장일 수밖에 없다는 것을 우리 모두가 심각하게 인식해야 할 필요가 있다는 겁니다.

이종태   그렇군요. 오늘 이 자리를 통해 어느새 우리 기억 속에서 사라졌던 사실들을 다시금 되새기게 되었습니다. 민주주의는 자유주의와의 투표권 확대 투쟁 같은 온갖 고난을 겪으며 자라났다는 사실을요.
어쩌면 이것이 작금의 혼란을 일으키는 근본적 원인일지도 모르겠습니다. 자유 민주주의라는 그럴싸하지만 역사적으로는 그다지 타당하지 않은 개념이 의식적으로건 무의식적으로건 우리의 의식을 지배하고 있고, 거기서 파생된 '자유=민주'라는 어처구니없는 등식이 오늘의 자유 경쟁 시장에 대한 열광에 일조했을 가능성이 높으니까요.
'관치'라는 것에 대해 다시 한 번 생각해 보게 된 것도 저 개인적으로는 대단히 유익했습니다. 사실 그간 관치라는 단어에 대해 알레

르기 반응을 보였는데, 오늘 관료제의 필요성에 대해 들으면서 선입견이라는 게 얼마나 커다란 피해를 불러 올 수 있는지에 대해 재삼재사 깨닫게 되었습니다. 아울러 '관치 금융'이라는 단어에 대한 무조건적 거부감도 상당 부분 없앨 수 있었고요. 오늘의 대화는 이렇듯 제 안목을 넓혀 주신 두 분께 감사드리는 것으로 마치기로 하겠습니다.

우리 모두를 위한
사회적 대타협을
그리며…

2부 4장

이종태   이제까지 여덟 차례에 걸쳐 많은 이야기를 나눴습니다. 그리고 그 과정에서 박정희의 개발 독재를 어떻게 보아야 할 것인지에 대해서부터 재벌 시스템의 정당성과 유효성, 신자유주의 및 주주 자본주의의 본질과 한국에서의 전개 양상 및 파장, 자본과 노동이 서로 자기 발등을 찍고 있는 현황, 국가라는 조직이 유명무실화되어 가는 우리의 현실과 그 결과, 소위 진보·개혁 세력이 겪고 있는 이데올로기적 혼선의 상황을 점검하고 따져 보았습니다.

하지만 이런 이야기들은 문제를 드러내는 데는 효율적인지 몰라도 해법을 찾는 데는 좀 미흡하다는 느낌입니다. 개별적 사안에 대해서는 그때마다 어떤 형태로든 해법이 제시되었는지 몰라도, 이쯤 해서는 이 모든 문제를 아우르는 전체적 해결 방안 같은 것이 제시되었으면 하기 때문이죠.

그와 관련 두 분께서는 일찍부터 유럽에서 이루어졌던 사회적 대타협과 관련된 이야기를 많이 하신 것으로 알고 있는데, 오늘은 그 사회적 대타협이라는 것에 대해 이야기를 나눠 보고 싶습니다. 그것이 우리 사회에서 가능한지를 비롯해 전반적으로 말입니다.

장하준   유럽에서 대타협이 가능했던 배경은 우선 산업화를 통해 조직된 노동자들의 등장입니다. 일부 역사학자들에 따르면 그와 함께 1차 세계 대전의 발발도 대타협의 주요한 계기로 작용했답니다. 국민 모두에게 병역의 의무를 부과하는 국민개병제가 본격적으로 시행되면서 대거 1차 세계 대전에 참전했던 노동자 계급이 드디어 '국가를 위한 전쟁에서 피 흘린 대가'를 요구하기 시작했다는 거죠. 지배 계급들도 결국 타협으로 갈 수밖에 없었을 겁니다. 노동자 계급이 양적으로 늘어나면서 조직화된데다가, 사회주의가 대중적 공감을 얻고 있었잖아요? 그런 상황에서 전쟁터에서 돌아온 노동자들이 '국가에 대한 요구'를 본격화하기 시작했으니 지배 계급 입장에서는 '기득권의 일부라도 내놓지 않으면 큰일 나겠다.'는 생각을 하게 된 거죠.

물론 그보다 앞선 시기에 사회적 타협 부문에서 선각자적인 업적을 세운 인물도 있습니다. 바로 철혈 재상이라 불리며 프로이센을 유럽의 강국으로 이끌어 낸 비스마르크입니다. 그는 1870년대에 세계 최초로 복지 국가 제도를 도입했는데, 정말 대단한 사람이라고 생각합니다. 당시 자유주의자들은 주로 자기네들 '발언권의 자유'나

뭐 그런 이야기만 하고 있을 때였는데, 자유주의로 시작해서 보수주의로 전향(?)한 비스마르크는 체제 유지를 위해 발상을 바꾼 거죠. 체제를 지키기 위해 사회주의자들을 가혹하게 탄압하면서도 동시에 체제를 유지하려면 기득권 일부를 자발적으로 양보해야 한다는 걸 알고 있었던 겁니다.

우리나라에서도 최근 노·사·정은 물론 개혁·보수 언론에서도 모두 사회적 타협에 대한 이야기들을 하고 있는데, 아마 이른바 기득권 이외의 세력들에게 무시할 수 없는 힘이 생겼기 때문에 나오는 거겠죠. 그러나 여러 선진국들의 역사에서 보듯 어느 정도 자본주의가 발전하면 사회적 타협이 국가적 의제로 자연스럽게 떠오르게 되는 단계가 나타나는 것 같습니다.

정승일   우리나라 사람들은 1970~1980년대까지만 해도 사회보장 제도 없이 그럭저럭 살 수 있었습니다. 당시에는 경제 성장 속도가 워낙 빨라서 일자리가 많이 창출되기도 했지만, 가족 제도 자체가 사실상 사회보장 제도의 역할을 해 냈기 때문이죠. 그러니까 1960년대, 1970년대에는 어떻게 하다 실업자가 되는 일이 있어도 가족들이 안아 주었던 겁니다.

그러나 지금은 가족의 해체가 상당히 진전되면서 사회보장 제도의 필요성이 점점 더 커지고 있는 상황입니다. 가족적 복지가 해체되면서 사회적 복지의 필요성이 높아지고 있는 거죠. 왜, 요즘 이런 이야기들이 나오지 않습니까? '지금 20대 초반에서 30대 초반의 청년 실업자들을 부모들이 부양하고 있는데, 이 부모들 세대가 그나마 청장년층의 자녀를 부양할 수 있는 마지막 세대일 가능성이 크다.'는 이야기요. 지금 40대로 자녀들을 중고등학교에 보내고 있는 세대는 이후 자녀들이 실업자가 되어도 부양이 불가능하다는 거죠. 따라서 지금부터 5년, 10년이 지나고, 가족 해체 현상이 더욱 심화되면 결국에는 국가가 실업자들의 부양을 떠맡을 수밖에 없습니다. 그 경우 만약 국가에 그런 정도의 여력이 없다면 우리는 엄청난 사회적 위기에 봉착하게 될 거고요.

게다가 가족 해체 현상은 노인 부양 문제도 국가의 몫으로 떠넘기게 될 가능성이 큽니다.

장하준 노인 복지 이야기인데, 옛날엔 자녀 여러 명이 늙은 부모를 봉양하는 관계로 어느 정도 가능했는지 몰라도 요즘에는 자녀의 수도 적고, 또 효도에 대한 사회적 분위기도 많이 바뀐 관계로 결국 국가가 효도할 수밖에 없다, 이렇게 표현할 수 있겠죠.

미국은 결코 우리의 모범이 될 수 없다!

이종태 사회적으로 안정적 삶을 누릴 수 없는 사람들이 갈수록 늘어날 것이기 때문에 타협이 필요하다는 말씀으로 들립니다.

정승일   그렇습니다. 예컨대 제가 느낀 바에 따르면 기업의 경영자들도 사회적 타협의 필요성은 느끼고 있는 것 같아요. 아니, 어떻게 보면 가장 절실하게 사회적 타협의 필요성을 느낄 수밖에 없는 입장에 놓인 것이 기업주와 경영자들이라는 생각도 듭니다. 기업 그 자체의 이익을 위해서 말입니다.

기업 입장에서도 비정규직이 노동자의 충성도나 숙련도를 약화시키고 그것이 결국 기업 처지에서는 마이너스라는 것을 인식하고 있습니다. 또 재직 중인 여직원들 때문에도 공공 탁아 시설의 필요성을 절감하고 있고요. 게다가 경영자 자신도 어차피 퇴직하게 됩니다. 그 경우 노후를 위한 사회보장 제도가 필요하다는 것 역시 인정하더군요.

그러나 문제는 이 경영자들이 부유층이라는 점입니다. 부유층 입장으로 돌아가면 갑자기 이데올로기로 무장하더란 말입니다. 사회보장 제도의 확충에 반대하고, 복지 비용을 개인의 부담으로 전가시키는 것이 옳다고 주장하는 거죠.

지금 한국 사회에서는 노동조합, 민주노동당, 열린우리당의 일부 세력이 '빨갱이' 소리를 들어가며 복지 제도 확충을 요구하고, 기업이 그에 대해 반대하는 구도가 형성되어 있는 셈입니다. 하지만 제가 보기에 이 문제에 관한 한 기업들이 중립적이고 실용적인 태도를 취할 수 있다고 봅니다. 기업에도 이익이 되니까요. 그리고 경영자들이 실용주의적으로 사고한다면 복지 부문에서는 충분히 진보적일 수 있을 겁니다.

장하준 이미 노동 시장에 대한 이전의 토론에서 말씀드린 바 있는데요, 제 이야기는 한국 경제가 노동자들을 업그레이드해야 할 시기에 왔다는 겁니다. 한국은 자의 반, 타의 반으로 개방되면서 엄청난 외부 충격을 감당하고 있는 사회이고, 기업들도 세계적으로 움직이면서 국제 시장 변화에 신속하게 움직여야 하는 시대가 왔다는 거죠. 반드시 바람직한 것은 아니지만 기왕 이런 시대가 와 버렸으니, 이에 성공적으로 대처하려면 복지 국가 시스템을 건설하는 것이 한국 경제의 발전에도 이롭다는 겁니다.

제가 만나본 기업가들 중에서도 생각이 있는 분들은 마음대로 해고를 못하는 것보다 노조가 작업장에서 전환 배치를 저지하는 것에 더 불만이 크더군요.

이른바 노동 경제학적인 용어로 표현하면 수량적인 유연성이 문제가 아니라 기능적 유연성이 문제라는 거죠. 또 지난번 이야기했듯이 기능적 유연성을 높이려면 실업 급여, 기술 훈련 시스템 등 복지 제도가 필요합니다. 기술 훈련 시스템이란 국제 시장에서 새로운 기술이 필요할 때 그걸 신속하게 노동자들에게 습득시켜 취업을 돕는 기능이죠.

사실 한국에서 수량적 유연성은 더 이상 높아질 수도 없습니다. 선진국 중에 국민의 50% 이상이 임시직인 나라가 어디 있습니까? 그러니까 한국 경제의 문제점을 수량적 유연성을 높여 해결하려는 길은 이미 끝났다고 봅니다. 앞으로는 오히려 비정규직을 줄여야 할 겁니다.

아무튼 이후 사회적 불안정은 더욱 심화될 텐데, 이를 완화시키는 기제가 없다면 문제가 커질 겁니다. 불안전한 위치에 있는 사람들의 괴로움은 말할 것도 없고, 그 체제에서 기득권을 누리는 분들의 처지도 의외로 매우 괴롭게 될 걸요. 남미의 경우에는 불평등의 역사가 500년 정도 지속됐기 때문에 의외로 빈곤층들이 사회에 도전하는 경우가 드문 것같이 보입니다. 불평등을 오히려 상당히 자연스럽게 받아들이는 것도 같고요.

그러나 다른 한편 남미에서 가장 성행하는 사업 중 하나가 부유층을 유괴해서 돈 뜯어내는 일이란 말입니다. 이렇게 범죄가 성행하는 탓에 브라질 상파울로 시의 빈민가에 가면 남자들의 평균수명이 20대에 그쳐요. 조직 폭력배를 하다가 감옥에 가고, 결국 비명횡사하는 경우가 많다는 거죠.

더욱이 한국은 남미처럼 다민족 국가도 아니고, 불평등을 잘 견디는 사회도 아니에요. 아니, 거꾸로 불평등에 굉장히 민감한 편이기 때문에 소득 분배가 악화되고, 이를 완화시키는 복지 제도마저 결여되어 있다면 사회 붕괴의 위험성이 상당히 크다고 봅니다.

정승일   한국에서는 상당수의 지식인들이 자기도 모르는 사이에 우리 사회 시스템을 미국 식으로 만들어 가자는 주장을 하고 있는 셈인데, 사실 미국은 빈부 격차와 인종 문제 등 사회적 갈등이 굉장히 심한 나라입니다.

장하준   미국의 경우 국민 1인당 교도소 수감자 수가 세계 최고라고 하죠.

사회적 책임은 국가, 자본, 노동 모두에게

정승일   그러니 미국보다 스웨덴 식으로 가자고 하면 '스웨덴은 인구가 1000만 명밖에 안 되는 조그만 나라인데 어떻게 한국의 모델이 될 수가 있냐?' 그러거든요.

장하준   스웨덴 인구가 한국의 5분의 1이기 때문에 스웨덴에서 못 배운다면, 우리 인구의 5배인 미국에서는 어떻게 배운단 말입니까?

정승일   그렇죠. 미국은 세계 최강의 군사력을 보유한 국가이고, 이를 기반으로 세계 금융을 지배하고 있습니다. 이런 국가적, 국제적 조건 하에서 가능했던 것이 미국 식 금융 시스템인데 외환 위기 이후 한국은 그것을 좇아왔죠. 제가 지금까지 일본, 스웨덴, 핀란드 같은 나라들 이야기를 많이 했는데, 그 이유는 이 나라들의 경우 한국의 재벌 비슷한 것이 존재하지만 사회적 타협을 통해 민주주의와 복지를 실현했고, 산업 정책을 적절히 사용하면서 세계적으로 뛰어난 사회 경제적 성과를 올려왔기 때문입니다.

장하준   특히 핀란드는 국영 기업의 비중이 세계에서 가장 큰 축에 속하는 국가지요. 은행도 경제 개발기인 1950~1970년대에는 절반 정도가 국가 소유였고요. 요즘엔 국가 소유 은행의 비중이 많이 줄었습니다만….

정승일   예. 핀란드에서도 민영화가 상당히 진전되었다고들 하죠. 그러나 최근 나온 자료를 보니까 핀란드의 민영화는 한국과 많이 다르더군요. 이 나라에서 민영화의 개념은 단지 주식을 민간에 판매한다는 것에 불과해요. 핀란드 정부가 여전히 이사회 지배를 통해 사실상 은행을 통제하고 있으니까요. 이런 나라에서 노키아 등 세계적인 우량 대기업들이 많이 성장했습니다. 인구가 500만밖에 안 되는 나라인데 말입니다. 게다가 핀란드나 스웨덴은 분배도 잘하지만, 국가 경쟁력이나 기업 경쟁력도 세계 최고인 국가입니다. 사회적 타협이 한국 사회에 지금 필요한 이유를 바로 그런 맥락에서 설명드리고 싶어요. 노·사·정 3자 모두에게 사회적 타협이 절실한 상황이라는 걸 말입니다.

첫째, 자본에 대해 먼저 이야기한다면, 자본 측은 지금 사회적 책임을 방기하고 있습니다. 오로지 주주에 대한 책임만 강조하고 있는 것이 현재 한국의 자본인 셈이죠. 그 증거로 기업의 사회적 책임, 즉 생산적 투자, 일자리 창출 등을 방기하면서 어떤 책임 의식도 보여 주지 않고 있는 것 같습니다. 물론 종업원들을 보호해 주지도 못하고요.

다음으로 정부에 대해 이야기한다면, 정부는 기본적으로 공공적 책임을 져야 합니다. 그런데 김대중·노무현 정부는 한국 사회에 대한 공공적 책임보다 이른바 대외 신인도, 즉 외국 자본에 대한 책임을 더욱 중요하게 생각하는 것 같습니다. 자기들을 선출해 준 국민들에 대해 책임지는 것이 아니라 오히려 미국의 무디스, 그 다음으로는 국제 금융 시장에서 어떤 평가를 받을 것인지에만 신경을 써 온 것 같다는 거죠. 목적과 수단이 뒤바뀐 셈이죠.

장하준   그렇게 해야 나라가 잘 된다는 논리를 내세우잖아요.

정승일   그렇게들 이야기하죠. 그러나 그 대외 신인도는 목표가 아니라 수단에 불과한 것 아닙니까? 그런데도 한국 정부는 실제 무디스 등 국제 금융 시장이 요구하는 것과 우리나라의 공공적 이익이 부딪칠 때 상당히 많은 경우 전자에 대해 더 책임을 지는 모습을 보여 왔다는 겁니다.

'국민들을 위해서 이렇게 한다.'는 명목으로 말이죠. 그 점에 대해서는 국회도 마찬가지입니다. 국회도 자기네들이 누구에 대해 책임을 져야 하는지에 대해 명확히 인식하지 못하고 있는 것 같으니까요. 예컨대 국제 신인도라는 명분 아래 은행법의 취지까지 왜곡하면서 외환은행을 해외 투기 자본인 론스타에게 넘긴 사건은 도저히 이해할 수가 없습니다.

세 번째로 노동 측도 사회적 책임에 대한 의식이 그리 높지 않다고 보입니다. 물론 노동조합이란 조직은 기본적으로 조합원들의 이익을 보장하는 곳이지, 사회적 책임을 지는 곳이 아니라고 하면 할 말은 없어요. 그러나 그런 식으로 말하면 기업도 이윤을 추구하는 조직이지, 사회적 책임을 지기 위한 조직은 아니잖아요? 요즘 노동운동이 자본 측에 사회적 책임에 대한 요구를 많이 하고 있는데, 그렇게 하려면 노동조합 측도 사회적 책임 의식을 가져야 한다고 봅니다.

지금 시장 논리가 우리 사회 전반을 지배하면서 모든 경제 주체가 '우선 나부터 살고 봐야겠다.'는 생각을 하게 됐고, 그에 따라 한국 사회가 갈가리 찢겨 나가고 있는 상황입니다. 자본은 주주에 대한 책임만 이야기하면서 공공성 따윈 제쳐둔 지 오래고, 정부도 말로만 공공성을 떠들지 실제로는 글로벌 시장에 대한 책임만 지려고 하는 식이죠. 더욱이 노동자들도 말로는 노동조합의 사회적 책임을 이야기하지만, 실제로는 정규직 간은 물론이고, 정규직·비정규직 간의 연대도 잘 이루어지지 않고 있습니다. 산별 노조도 형식적으로만 구성되어 있고, 실상은 기업별 노조만 엄청나게 강화되어 '우리 회사와 조합만 잘 되면 된다.'는 일종의 시장 논리에 빠져 있는 식이고.

제가 보기에는 노동자와 정부와 자본은 각각 최소한의 수준으로나마 사회를 통합시켜야 하는 책임을 지고 있는 만큼 그 책임의 달성을 위해서도 합의해야 한다는 겁니다. 이게 바로 사회적 타협이라고 생각해요.

정부와 시민 단체의 모순적인 이중 잣대

이종태   그렇다면 정부가 사회적 책임을 다하기 위해 구체적으로 어떤 일들을 해야 할까요?

정승일   정부의 경우 일단 공공성의 원칙을 세우고 금융 감독부터 철저히 해야 합니다. 투기 자본 감시 센터 같은 곳이 있기는 하지만, 투기 자본 감시 같은 일을 어떻게 시민 단체에서 모두 감당할 수 있겠어요?

재벌 개혁도 투기성 짙은 주주 자본에게 모든 것을 넘겨주는 방식이 아니라 공공의 이익을 높일 수 있는 방향으로 가야 합니다. 그런 맥락에서 장 박사님께서 말씀하신 산업 정책 같은 것도 어느 정도 부활시켜야 할 거고요.

그리고 정부가 책임져야 할 일 중 가장 중요한 것은 노동자들에 대한 보장입니다. 장 박사님께서 여러 차례 말씀하셨지만, 국제 경쟁력이라는 측면에서 봐도 지금의 한국 경제는 고숙련 정규직 노동자를 많이 필요로 하고, 또 보호해야 하는 단계이니까요.

그런 측면에서 정규직을 보장하고, 비정규직이나 실업자는 기술 훈련 시스템 등을 통해 빨리 안정적인 직업을 가질 수 있도록 하는 일을 바로 정부가 맡아 해야 합니다. 그런데 기획예산처는 공공복지 관련 예산에도 지독하게 제동을 걸더군요.

장하준   그거야 이해해야죠. 그분들 직업 자체가 남들이 돈을 못 쓰게 하는 건데…. 웃음

정승일   아무튼 이런 식으로 노·사·정 모두가 공공 영역에 책임을 져야 한다는 말입니다. 그리고 남에게 책임을 물으려면 권리도 인정해 줘야 합니다. 예컨대 '정부가 이러저러한 사회적 책임을 져야 하고, 사회적 분배를 효율적으로 추진할 의무도 가지고 있다.'고 말하려면 정부가 정당하게 행사할 수 있는 권리도 인정해야 한다는 겁니다.
그런데 우리나라 시민 단체들은 간혹 앞뒤가 맞지 않는 주장을 한다고 느껴지는데, 한편에서는 '관치 경제 중지하라.'면서 다른 한편에서는 '사회복지 강화'를 외치거든요. 사회복지를 강화하다 보면 국가 혹은 관료의 역할이 커지게 되어 있는데 말입니다.
기업에 대해서도 마찬가지입니다. 기업에 대해 사회적 책임을 물으려면 기업의 사회적 권리도 인정해 줘야 합니다. 이 사회적 권리라는 게 바로 경영권이에요. 그런데 기업과 경제의 효율성을 증진시키기 위해 적대적 M&A가 필요하다는 이론을 설파하는 식으로 '언제든 당신들 경영권을 박탈하겠다.'고 위협하면서 다른 한편으로 '기업은 사회적 책임을 져야 한다.'고 주장하다니…, 앞뒤가 잘 안 맞는 것 같지 않나요?

장하준   그렇죠. 책임을 물으려면 권리도 인정해 줘야죠. 그와 관

련된 재미있는 사례가 있습니다. 지난번 LG카드 사태 당시 정부가 오너 가족에게 LG카드에 대한 지원금을 내놓으라고 했잖아요. LG 오너들은 그게 억울하다는 거죠. 그런데 그게 자못 일리 있는 측면이 있어요. 정부와 일부 시민 단체의 주주 가치 논리에 따르면 재벌 오너들은 소량의 주식만 가진 상태에서 전체 그룹에 대한 경영권을 부당하게 누리고 있는 거잖아요? 때문에 가진 주식만큼만 경영권을 행사하라는 유무언의 사회적 압력을 받아온 거고요.

그런데 막상 LG카드 사태가 터지고 이를 수습해야 하자 정부가 지원금을 내놓으라고 주문한 건데, 이건 사실상 '가진 주식만큼의 책임'을 훨씬 뛰어넘는 책임을 지라는 것으로 해석될 수 있어요. 그러니 정부 태도가 일관성이 없는 게 이만저만이 아닌 셈입니다.

이런 모순이 생기는 이유는, 주주 가치 혹은 주주 자본주의의 논리로만 기업 관련 문제들을 재단하기 때문입니다. 계속 주주권만 강조하다가 정작 일이 터지니까 해당 기업의 주식을 5%밖에 가지지 않은 사람에게 '너, 책임지고 출자해.' 하면 주식회사의 유한 책임 원칙에 어긋나지 않을까요? 그런 식으로 무한 책임을 지게 하려면, 권한도 무한하게 줘야겠죠.

모두를 행복하게 만든 스웨덴의 대타협

이종태   그렇군요. 그런데 지금까지 두 분께서 말씀해 오신 사회적 대타협, 혹은 노·사·정이 모범적으로 사회적 책임을 분담한 사례가 있나요? 현실적으로 가능하겠느냐는 거죠.

장하준   스웨덴에 사회적 대타협의 좋은 사례가 있어요. 1938년 잘츠요바덴(Saltsjobaden) 협약*에서 사회주의 노동조합들이 생산수단의 국유화를 포기하는 대신 자본 측에서는 소득세를 대폭 올리는 데 동의한 겁니다. 그렇다고 여기서 대타협의 의미가 '한꺼번에 모든 것을 해결했다.'는 건 아니에요. '제한을 두지 않고 타협했다.'는 의미죠.

* 스웨덴은 사회적 타협에 이르기 전인 20세기 초까지만 해도 유럽에서 가장 가난한 나라 중의 하나인데다, 1920년대에는 노동자 1인당 파업 일수가 세계 1위였을 정도로 노사 갈등이 치열했다.
그런데 노동자 정당인 사회민주당이 집권한 1932년 이후 이 나라에 변화가 일어났다. 스웨덴 노총과 경총(SAF; 경영자총연합)이 1938년 잘츠요바덴 협약을 통해 각각의 무기인 파업과 직장 폐쇄, 국유화와 소득세 인상 반대를 포기한 것이다. 그와 함께 노총과 경총은 임금 교섭을 노사 양 진영의 중앙 조직인 노총과 경총의 협의에 따라 결정하는 중앙 임금 교섭 방식을 추진하기로 했다. 대신 노총은 점차적으로 국가의 경제·사회 정책 결정에 참여해 조세·복지·의료 등 각종 사회 개혁 의제에 영향력을 행사할 수 있게 되었다.
한편 경총은 노동자들의 임금 인상을 일정 수준으로 유지하는 데 성공했지만, 그것을 통해 얻어 낸 이윤 부분에 대해서는 일정한 사회적 통제를 감수해야 했다. 임금 억제를 통해 증가된 이윤을 자본이 멋대로 처리하는 것이 아니라, 생산적 투자를 통해 일자리 창출 등 국민 경제에 이바지하도록 강제당한 것이다.
결국 스웨덴 노동자들은 중앙 조직인 노총에 임금 인상 등의 결정을 맡겨 버리는 방식으로 '단결'한 셈인데, 이 또한 '단결'임에는 분명하다. 게다가 이런 '단결'은 국익에도 도움이 되었다. 그 사례 중 하나가 기업 이윤에 상관없이 동일 노동에는 동일 임금을 지급한다는 스웨덴의 연대임금제이다.

예컨대 당시 스웨덴 사회주의 세력의 입장에서 '생산수단의 국유화 포기'는 마지노선 너머에 있는 것까지 '제한을 두지 않고' 양보한 셈이었으니까요.

<u>정승일</u> 우리나라의 민주노총에 해당되는 사회민주당 계열인 스웨덴 노총과 우리나라의 삼성 이건희 가문에 해당되는 발렌베리 가문이 주축이 된 SAF(경제인총연합회)는 1930년대 10여 년에 걸쳐 끈질기게 서로 양보하고 양보를 받아 온 거죠. 노총은 국유화 강령을 포기하고 파업을 자제하는 대신, 경총은 소득세 인상을 받아들이고

이 정책에 따르면 A사의 한 해 이윤이 2000억 원이고, B사의 이윤은 20억 원이라 해도, 두 회사는 자사에 근무하는 동일 직종의 노동자에게 동일한 임금을 지급해야 했다.
이 정책을 통해 스웨덴은 산업 구조 조정을 촉진할 수 있었다. 충분한 수익을 올리지 못하는 회사는 임금을 감당할 수 없어 문을 닫아야 하는 관계로 산업 전체 차원에서 볼 때 '저효율 기업'의 자연스러운 퇴출이 이루어졌기 때문이다. 그와 함께 대부분 수출 기업인 '고수익 기업'의 임금을 억제함으로써 수출 경쟁력이 높아지는 효과도 거뒀다.
자본의 입장에서는 임금 협상 때마다 실랑이를 벌일 필요가 없다는 점에서 유리했다. 또 노총 입장에서는 연대임금제를 통해 저소득 노동자들의 임금을 올림으로써 자기 조직의 대표성을 강화하는 동시에 노동자 계급의 단결 정도를 높일 수 있었다.
이 모두가 최대의 피해자라 할 수 있는 '고수익 기업' 노동자들이 '저소득 노동자와의 사회적 연대'를 위해 기꺼이 손해를 감수했던 결과였다. 물론 이런 상황이 가능했던 이유 중 하나는 노동자들의 소득 중 상당 부분이 연금·가족 수당·주택 보조금·질병 수당 등의 형태로 국가에서 나왔기 때문이다. 임금은 소득의 전체가 아니라 일부에 불과했던 것이다.
복지 제도는 이 같은 형태로 노동자의 단결에 이바지했던 것이다. 이렇듯 스웨덴 노동 운동은 분명히 국가의 일부다. 심술궂게 이야기하면, 유례없는 '어용 노조'인 셈이다. 노동자들은 복지를 얻은 대신 자주성을 잃었다고도 볼 수 있다. 그런데 이 같은 '어용 노조'가 역설적으로 세계 최고의 복지 국가를 만드는 데 크게 기여한 셈이다.

직장 폐쇄를 자제키로 하는 식이었죠.

이를 두고 '대타협'이라고 할 만한 게, 1930년대 당시에는 유럽의 어떤 사회민주당도 국유화를 포기하지 않았거든요. 그런데 스웨덴이 유일하게 포기한 거예요.

재미있는 사실은 1930년대에는 다른 나라에서도 다양한 형식으로 사회적 대타협이 이루어졌다는 점입니다. 미국의 뉴딜도 일종의 사회적 통합 모델이지요. 실업률이 20~30%에 이르고, 빈민층이 광범위하게 형성되는가 하면, 공황이 심화되니까 당시 루즈벨트 정권이 소득세 인상, 사회보장 제도 도입, 그리고 금융 위기 재발 방지를 위한 금융 규제법 입법 등의 조치를 취해 나간 거니까요.

또 프랑스의 경우에도 1930년대에 8시간 노동제와 누진소득세 제도가 도입됩니다.

이런 모델들을 우리나라도 벤치마킹할 필요가 있다고 생각해요. 예컨대 주주 자본주의 시스템은 기업의 경영권과 노동자의 일자리를 함께 위협하고 있어요.

게다가 한국 경제는 중국의 추격을 받고 있는데, 이것은 기업과 노동 모두의 생존을 위협하고 있는 셈입니다. 때문에 기업 측과 노동 측은 서로 어느 정도 타협할 수 있는 공간을 가지고 있다고 생각합니다.

이 타협이란 것이 상호 간의 분쟁을 해결하는 것에서 그칠 필요는 없을 겁니다. 스웨덴과 핀란드의 경험을 볼 때 기업 경쟁력 강화와 사회복지 시스템 강화는 서로 맞물려 있는 메커니즘이기 때문에 양

측이 그 선순환적 방법에 대해 적극적으로 논의하고 합의해야 한다는 거죠.

장하준   지금 기업들은 주식 시장으로부터 경영권을 위협 당하는 관계로 적극적인 투자를 못하고 있고, 그에 따라 생산성이 자꾸 떨어지니까 노동자들의 피땀을 짜내고 있는 거예요. 노동자들을 비정규직화하고, 그래도 안 되면 해외로 떠나 버리는 식으로 말입니다. 이런 메커니즘이 반복되면 한국 경제 전체의 기술력이 떨어지게 되고, 그 결과 국제 경쟁에서 뒤질 수밖에 없게 됩니다. 기업도 망하고 우리 경제도 망하게 되는 거죠.

그런데 이런 기업과 노동의 어려움을 관통하는 핵심 고리는 분명히 존재하는 것이고, 이것은 결국 기업 따로, 노동 따로 자신의 문제를 해결할 수 있는 것이 아니라 함께 풀어나갈 수밖에 없다는 이야기가 돼요. 그런 차원에서 기업은 경쟁력을 회복하고 경영권 불안도 해소하는 동시에, 노동자들은 일자리 문제를 해결할 수 있는 방법이 사회적 대타협이라고 봅니다.

우리 모두를 위한 사회적 대타협을 그리며…

정승일   저는 노동 측에서 선도적으로 '강한 노동조합을 가진 나라가 기업 경쟁력도 강하다.'는 걸 실증해 줬으면 합니다. 그런데 문제는 우리나라 기업들이 강한 노동조합을 원치 않는데다, 그것이 기업 경쟁력과 어떤 관계를 가지는지에 대해 조금도 관심이 없다는 겁니다.

한편 노동 운동 측에서는 이 강한 노동조합이 조합원에게만 유리한 것이 아니라 기업에게도 좋은 일인지 고민할 필요가 있는데, 우리 노동조합들은 아직 이런 고민은 하지 않고 있는 것 같습니다.

제가 말하는 강한 노동조합은 민주노총, 한국노총 같은 중앙 조직이 강력한 권위로 산하 노조들을 지휘할 수 있는 통합적인 능력을 가지는 게 전제가 되어야 합니다. 그래야 전체 국민 경제를 시야에 넣으면서 경영 측과 책임 있는 협상을 할 수 있으니까요. 국민 경제의 경쟁력이나 공공성 제고를 위한 협상도 할 수 있어야 하고요.

이제는 노동 운동이 이 같은 실천을 통해 사회적 통합을 선도하면서 정부와 자본에게도 사회적 책임을 강제할 수 있어야 합니다. 그리고 현재 한국 사회의 가장 강력한 사회 세력 중 하나인 민주노총, 한국노총쯤 되면 기업 경쟁력과 산업 정책까지도 어느 정도 생각하기 시작할 때가 된 것 같고요. 그와 관련 집권을 목표로 하는 민주노동당은 더 말할 것이 없겠죠.

장하준 그러나 민주노총이나 한국노총이나 전체 노동자를 대표한다고 하기에는 노조 조직률이 너무 낮아요. 경영자 단체도 사분오열되어 있고. 스웨덴의 경우 노조 조직률이 80%를 웃도는데다, 경영자 단체도 SAF 하나밖에 없거든요.

정승일   독일의 경우 8시간 노동제가 법률로 규정되어 있지 않습니다. 그러나 한국은 8시간 노동이 법률로 강제되어 있죠. 그렇다면 국가적 차원에서 책임 있게 협상할 수 있는 강력한 중앙 조직을 가진 노동조합이 결성될 수 있도록 법률 같은 것을 통해 유도할 수는 없을까요?

물론 경영자들의 중앙 조직도 마찬가지 방법으로 유도해야 할 거고요. 강압적이라고 할 수도 있겠죠. 하지만 스웨덴의 경우 노조 조직률이 80%를 웃돈다지만, 그 이유는 노조에 가입한 사람에게만 퇴직연금과 의료보험 등의 사회복지 시스템에 가입할 자격이 주어지기 때문이라고 합니다. 여기에는 노동자들이 노동조합원이 될 수밖에 없는 메커니즘이 존재하더라고요.

이렇게 볼 때 노동과 경영의 중앙 조직들이 일정한 사회적 합의를 도출했을 때 산하 노조 및 기업들이 이를 따르지 않을 수 없게 하는 제도적 장치도 필요할 겁니다. 그래야 합의가 이루어질 수 있을 테니까요. '우리'가 '저들'과 합의했는데 정작 '나'는 못 지키겠다고 하면 사회적 합의란 원천적으로 불가능합니다. 일정 정도는 사회가 강요를 해야죠.

장하준   하루아침에 그런 제도를 만들기는 힘들겠죠. 그러니까 노·사·정에 속하는 분들이 자기 집단의 입장뿐만이 아니라 국민경제적 차원에서 넓게 보면서 타협하고자 하는 마인드를 갖는 것이 필요할 것 같습니다.

그리고 사회적 타협의 틀은 노·사·정이 아니라 '노사정 플러스'가 되어야 한다고 생각합니다. 물론 노·사·정이 주축이 되어야겠지만, 여기에는 농민이나 중소 상인도 포함되는 형식이 필요할 것 같으니까요.

이종태   오늘 이야기를 듣다 보니 우리 사회에서도 사회적 대타협은 필요하고, 또 분위기도 조금씩은 무르익어간다는 느낌입니다. 하지만 역시 아직은 '상생이 안 되면 공멸할 수도 있다.'는 위기 의식이 공유된 것 같지는 않군요. 그게 없이는 대타협이 불가능할 텐데…. 어쨌든 오늘까지 이야기된 것들은 저 개인적 입장에서 볼 때 대단히 유익했습니다. 외람되지만 그간 한국 경제의 문제를 경제 부문에만 국한시켜 생각하려는 경향이 있었는데, 이번의 대화 자리를 통해 한국 경제의 현재 고민거리들이 경제 부문에만 국한된 것이 아님을, 더 정확하게 말하면 이데올로기적 혼선에 기인하는 바가 더 크다는 것을 절감하게 되었습니다.

아울러 추상적 관념이 아닌 현실적 목표에 대한 국민들의 공감대 같은, 다소 현실과 동떨어진 것처럼 보이는 요소들의 중요성에 대해서도 새삼 절감하게 되었습니다. 어찌 보면 이번 대화 자리를 통해 사춘기에 접어든 우리나라의 모습, 자기 정체성을 확인해 나가고자 하는 경계인으로서의 한국의 상황을 비로소 인식하게 되었다고나 할까요. 정말이지 바쁜 시간을 헐어가며 이 자리에 참석해 주신 두 분께 진심으로 감사드립니다.

이 책을 마치며

좌담 형식을 빌어 책 한 권 만들어 보자는 이종태 기자의 제안을 받아들인 것이 작년 4월로 기억된다. 그리고 사방이 트인 창밖으로 서울의 스모그 덮인 여름 하늘이 환히 내다보이던 월간 『말』지 회의실에서 첫 번째 좌담을 가졌던 것이 작년 5월이었던 것 같다. 그 후로도 8월 말에 이르기까지 잊을 만하면 이종태 기자의 재촉으로 주제를 달리하면서 여러 차례에 걸쳐 장하준 박사와 대화를 나누게 되었다.

그리고는 일 년이 지났고, 그 사이 작년에 나눴던 대화에 대해서는 까맣게 잊고 지냈다. 그러다 한 달 전쯤 우편으로 배달된 원고 초고를 읽으며 착잡한 심정을 가눌 수가 없었다. 초고에는 박정희 체제를 찬양하는, 혹은 적어도 긍정적으로 분석하는 발언들이 가감 없이 기록되어 있었다. 하지만 박정희 장군이 만들어 내고 전두환, 노태우 장군이 지속시켰던 이른바 '개발 독재'로서의 박정희 체제, 그 일부인 재벌 체제와 관치 금융 등을 긍정한다는 것은 민주화된 오늘날의 이 사회에서 결코 쉬운 일이 아니다. 정운영 선생께서 연초에 『중앙일보』에 「강철규 공정거래위원장, 우리 '국민 경제를 위하여' 변절합시다」라는 반개혁적 칼럼을 썼다가 혼쭐이 났던 기억이 아직 생생하지 않은가!

나 개인적으로는 더욱 그렇다. 1979년에 대학에 입학하여 사르트르의

『지식인을 위한 변명』과 마르쿠제의 『이성과 혁명』, 박현채 선생의 『민족 경제론』을 읽으며 대학 생활을 시작하고, 2학년 때 광주에서의 학살을 간접적으로 경험하는 식으로, 요즘 MBC에서 방영되는 「제5공화국」에 묘사되는 피비린내 나는 탄압과 죽음의 공포가 동반한 실존 철학적 고뇌 속에서 간절히 민주주의를 염원했던 이들의 한 사람이, 이제 와서 박정희 체제를, 그 일부라고는 하지만 개발 독재적인 경제 발전 방식을 칭찬한다는 것은 변절이거나 아니면 지독한 아이러니 고밖에는 달리 표현할 길이 없다.

하지만 이 책을 끝까지 읽어 본 독자들이라면 이해하게 되리라고 믿는 것처럼, 나와 장하준 박사는 결코 양심 배반의 죄를 범한 것으로는 생각되지 않는다. 문제는 양심이 아니라 인식이다. 역사와 사회, 경제와 정치에 대한 냉혹한 인식과 지각이 오히려 중요한 것이다. 그런 맥락에서 문제는 변절이 아니라 아이러니, 그것도 지독한 논리적·역사적 아이러니라는 것이 내 생각이다. 정확하게 말해 아이러니에 처해 있는 것은 나와 장하준 박사 두 사람이 아니다. 그보다는 개혁 세력과 진보 세력 전체, 그리고 보수 세력 전체가 아이러니에 빠져 있다고 해야 할 것이다. 한마디로 이 나라의 모든 정치·사회 세력들과 경제 세력들이 과거와 현재에 대한 인식에서, 그리고 미래에 대한 전략 설정에서 아이러니와 모순의 늪에서 허우적거리고 있는 것이다.

물론 그 배경에는 요즘 이 땅에서 벌어지고 있는 이데올로기적 이전투구(泥田鬪狗)와 그것을 뒷받침하고 있는 개념과 환상들, 그리고 그것으로 구성된 사상과 이론, 그리고 학문들이 있다. 특히 민주주의(democracy)와 자유주의(liberalism)라는 개념에 대한 오해와 환상, 양자의 상호 관계에 대한 잘못된 관념이 이 모든 아이러니의 근원으로 보인다.

오랜 동안 지속된 반공 교육으로 말미암아 민주주의는 곧 자유주의적 민주주의(liberalist democracy) 혹은 자유 민주주의(liberal democracy)뿐이라는 신념이 공공연하게 한나라당과 열린우리당, 심지어는 은연 중 민주노동당에게까지 뿌리 내리고 있는 현실은 서글프기 짝이 없다. 비자유주의적 민주주의(non-liberal democracy)가 가능하다는 사고는 이들의 관념 속에 아예 자리 잡을 곳이 없고, 자유 민주주의 아니면 공산주의(사회주의)의 양자택일뿐이라는 고정관념이 이들의 머릿속에 깊숙이 또아리를 틀고 있는 것이다. 그 외 유럽에서는 흔히 볼 수 있는 이념들, 즉 시장 경제(자본주의)를 긍정하면서도 사회적 연대(solidarity)에 높은 가치를 부여하는 사회적 민주주의(social democracy) 혹은 기독교적 박애와 이웃 사랑에 가치를 두는 기독교 민주주의(christian democracy)조차 찾아볼 수 없다는 현실은, 솔직하게 말해 비현실적으로 느껴질 정도이다.

하지만 그보다 더 중요한 사실은 자유주의야말로 보수 세력과 진보 세력, 민주노동당과 열린우리당과 한나라당 모두가 공유하는 이데올로기라는 점이다. 예컨대 보수 언론이 부추기고 있으며 한나라당으로 수렴되고 있는 이른바 뉴라이트(New Right) 운동이 레이거노믹스와 자유주의를 내세우고 있음은 잘 알려져 있다. 공병호 박사와 자유기업센터, 한국 하이에크소사이어티가 내세우는 자유주의 이념은 보수 인사들에게 인기를 끌고 있으며 박세일, 유승민 의원 등 한나라당의 정책가들 역시 한나라당의 정체성을 자유주의의 언어로 포장하고 있다. 열린우리당 역시 개혁파건 실용파건 관계없이 스스로를 자유주의로 정의한다. 유시민 의원은 스스로를 '개혁적 자유주의자'로 묘사하고 있으며, 정동영 의원과 열린우리당 정책연구원은 당의 정체성을 '실용적 자유주의'로 지칭할 정도이다.

뿐인가. 경실련은 금융 정책과 재벌 문제, 노사 문제, 공기업 민영화 등 부동산 문제를 제외한 모든 문제에서 일관되게 자유주의 원칙을 옹호하고 있으며, 참여연대에서 활동하는 진보적 인사인 조국 서울대 법대 교수는 국가보안법 폐지에 대한 자신의 입장을 '자유주의 사상'으로부터 논리적으로 도출해 낸다. 또 한국의 대표적인 진보학자인 조희연 성공회대 교수는 '개발 독재를 극복하기 위한 이념'으로서 자유주의의 긍정성을 인정하는데, 이는 주주 자본주의와 적대적 M&A를 옹호하는 참여연대 경제개혁센터의 김우찬, 장하성, 김상조 교수의 경우에도 크게 다를 바가 없다.

그야말로 자유주의의 전성 시대라 아니 할 수가 없는 상황이다. 심지어는 신자유주의를 매우 신랄하게 비판하는 민주노동당조차 지극히 자유주의적 프로젝트라 할 수 있는 주주 자본주의적 재벌 해체에 적극 동참하는 식으로, 행동에 있어서는 신자유주의를 긍정하고 있다. 단기수익성 논리에 물든 정규직 기업별 노조 체제에 기반하고 있는 민주노총 또한 '신자유주의 반대'라는 거창한 구호에 묻혀 잘 눈에 띄지는 않지만, 사소한 듯 보이는 개념과 관념 속에서 자유주의를 향해 접근해 가고 있다.

신자유주의(Neo-liberalism)는 반대하지만 자유주의(liberalism)는 괜찮다는 태도로 보일 정도이다. 신자유주의와 자유주의 사이에 어떤 근원적인 차이가 있는지 모르겠지만 말이다. 이렇듯 보수와 진보 모두가 자유주의를 지향하는 현상은 선진국에서도 마찬가지이다. 기독교적 관용과 박애에 바탕을 두고 사회적 통합을 중요시하던 보수파인 프랑스의 드골주의자 자크 시라크나 독일의 기독교민주당도 요즘에는 자유주의적 급진 개혁에 찬성하고 있다. 독일과 프랑스의 사회민주당들 역시 대체로 자유주의적 개혁에 찬성하고 있다. 환경 문제에 있어서는 급진 좌익인 유럽의 녹색당들마저 유럽 통합으로 급진전되고 있는 자본 시장 유연화와 노동 시장 유연화 등의 자유주의적 아젠다에 대해서 지지 입장을 보이는 식이다.

자유주의는 오늘날의 시대 정신(Zeitgeist)이라고 해도 과언이 아니다. 하지만 이 같은 자유주의의 도도한 흐름이 최근 들어 교란되고 있다. 유럽에서는 얼마 전부터 난데없이 '메뚜기' 논쟁이 한창인데, 농부들이 애써 가꾸어 놓은 수확물을 휩쓸어 버리는 메뚜기 떼처럼 '앵글로색슨 자본주의'의 대명사인 헤지펀드 등 주식 투자 펀드들이 독일과 프랑스 등 유럽 각국의 사회복지 체제와 기업 체제, 금융 체제를 뒤흔들고 있다는 것이다. 독일 사회민주당 당수의 헤지펀드 비난에서 시작된 메뚜기 논쟁은 프랑스와 네덜란드의 국민투표에서 자유주의적인 EU 헌법안이 거부되는 데 있어 중요한 여론 조성 역할을 하였다. 그에 대해 영국의 『파이낸셜 타임즈(Financial Times)』 등 유럽 언론들은 자유주의적 자본주의(liberal capitalism) 대 사회적 자본주의(social capitalism) 간의 대립으로 묘사하고 있다. 신자유주의(Neo-liberal)가 문제가 아니라, 자유주의(liberal) 그 자체가, 자유주의가 사회적 보호를 기반으로 한 유럽의 민주주의를 해체하고 있다는 점이 비판의 초점인 것이다.

자유주의가 민주주의를 동반하며 양자는 서로 불가분의 관계에 있다고 믿는 자유 민주주의자들(liberal democrats)의 신조와는 달리, 양자는 서로 분리되며 서로 다른 차원에 있다. 그리고 이것은 실천적으로 매우 다양한 의미를 내포한다. 가령 자유주의에 대한 반대가 반드시 민주주의의 옹호는 아니다. 1929년 대공황의 후폭풍 속에서 탄생한 독일의 나치 정권과 미국의 뉴딜 정부는 둘 다 자유주의 경제 정책을 포기한 점에서는 같았지만, 민주주의에 대한 태도에서는 정반대였던 것처럼 말이다.

이러한 맥락에서 볼 때 장하준 박사와 나의 주장은 명확하다. 박정희 체제가 경제 발전에 성공한 이유는 독재(즉 반민주주의)를 했기 때문이 아니라, 비자유주의적 정책을 썼기 때문이다. 따라서 우리가 긍정하는 점은 그 비자유주의적 측면이지, 반민주주의적 측면이 아니다. 그리고 우리의 김대중·노무현 정부 비판 역시 경제, 사회, 노동, 복지 등의 개혁 정책에서 나타나는 그 자유주의적 측면을 겨냥한 것일 뿐 정치, 외교, 국방, 사법 분야에서의 개혁 정책에 나타나는 그 민주주의적 측면이 결코 아니다.

지난 4월 최장집 교수가 올바르게 지적한 바와 같이 노무현 정부 하의 체제는 (신)자유주의적 민주주의 체제라고 할 수 있다. 하지만 최장집 교수가 지적한 것과는 달리 이 체제의 본질은 '재벌 공화국'으로 정의될 수가 없다. 오늘날 자유주의 프로젝트의 주체는 재벌이 아니라 세계화된 금융 자본이다. 노무현 정부가 '시장 개혁'의 명목 하에 지속하고 있는 동북아 금융 허브 건설과 외환 시장 개방 완성, 연금 개혁, 한미 자유무역협정과 같은 프로그램들이 신자유주의의 개념과 이념으로 점철되어 있는 것도 바로 그래서이다. 지금 그런 프로그램들이 사회·경제의 모든 부문에서 양극화를 증폭시키면서 사회적 충돌을 폭발 일보 직전으로 만들고 있다. 그리고 그것이 결국 민주주의를 위협하고 있는 셈이다.

노무현 정부와 개혁 진보 세력이 처한 아이러니와 딜레마가 바로 여기에 있다. 따라서 향후 우리 사회와 경제가 추구해야 할 국가 전략은 '민주주의를 위하여 자유주의를 내던지는 것'이라고 간단하게 정의할 수 있다. 즉 정치, 군사, 외교, 사법 등 모든 분야에서의 민주주의를 심화시킴과 동시에 금융, 기업, 노사 관계, 복지, 연금, 주택 등 모든 사회 경제적 영역에서 비자유주의적 비전을 세우고 관철해 나가면 되는 것이다.

물론 신자유주의라고 하는 세계적 대세에 맞서 이 같은 비자유주의적 사회 경제 정책을 입안하고 관철시키는 것은 쉬운 일이 아니다. 구체적 현실에서는 타협과 절충이 불가피하며, 그를 위해서는 세세한 전문적인 논의가 필요할 것이다. 하지만 기술적 문제를 다루는 전문가적 논의보다 더욱 중요한 것은, 그리고 이 사회에 참으로 결여되어 있는 것은, 사회와 국가의 원대한 미래 비전이며, 이를 향한 응집된 의지력이다. 나는 그런 의미에서 현재의 위기가 정신적·지적 위기라고 본다.

장하준 박사와 나 사이의 대화는 많은 사회·경제적 문제들에 대해 충분한 대안을 제시하지 못하고 있으며, 어떤 경우 미숙한 부분도 있을 것이다. 하지만 우리의 대화가 사회에 만연한 아이러니에 대한 비판과 문제 제기에는 어느 정도 성공한 것으로 보인다. 모쪼록 이 책이 우리 사회가 처해 있는 심각한 정신적 위기를 넘어서는 데 작은 도움이 될 수 있기만을 기대해 본다.

2005년 7월 장마비 내리는 서울에서
정승일